읽고 묵상하는 성경 공부 시리즈 **믿음의 나무 2**

믿음의 씨앗 교실 2권

말씀의빛

읽고 묵상하는 성경 공부 시리즈 믿음의 나무 2
믿음의 씨앗 교실 2권

지은이/김연수
펴낸이/김하정
펴낸곳/말씀의빛
편집책임/김지훈
디자인/김지훈
출판신고/2025년 11월 24일 제2025-000008호
초판 1쇄 인쇄/2026년 1월 6일
초판 1쇄 발행/2026년 1월 15일

주소/인천 동구 화도진로187 만석비치타운 110동 1204호
전화/010-6323-2067
ISBN 979-11-996090-1-3

성경 공부 시리즈 「믿음의 나무」를 발간하면서

성경 공부 시리즈 「믿음의 나무」는 농부가 옥토를 찾아 '씨앗'을 심은 후에 '뿌리'를 내리고 '가지'를 뻗고 나서 '열매'를 맺듯이, 신앙의 기초에서 시작해서 성장을 거쳐 삶 속에서 믿음을 실천하도록 돕는 것을 목적으로 제작한 성경 공부 교재입니다. 필자는 목사 안수를 받은 후 교회 현장에서 16년의 목회 경험과 장년 성경 공부 10여 년의 인도 경험을 바탕으로, 말씀을 사랑하지만 어디서부터 시작해야 할지 몰라 머뭇거리는 성도들을 돕고자 이 시리즈를 집필하였습니다. 신앙 성숙의 원리를 구체적인 상황과 연결함으로써 '말씀을 아는 성도'에서 '말씀을 살아내는 제자'로 성장하도록 이끌고자 했습니다. 이 시리즈의 교재들을 배우고 익히면서 한 걸음씩 말씀을 따라가다 보면, 씨앗이 심겨지고 뿌리를 내리며, 가지를 풍성하게 뻗어서 아름다운 열매를 맺는 신앙 성장의 은혜를 누리게 될 것입니다. 본서에 인용된 모든 성경 구절은 「개역개정」을 따릅니다.

성경 공부 시리즈 「믿음의 나무」를 아래와 같이 구성했습니다. 본 교재는 1단계 : 『믿음의 씨앗 교실 Ⅱ권』입니다.

- 1단계 : 『믿음의 씨앗 교실 Ⅰ권』
  『믿음의 씨앗 교실 Ⅱ권』
- 2단계 : 『믿음의 뿌리 교실 Ⅰ권』
  『믿음의 뿌리 교실 Ⅱ권』
- 3단계 : 『믿음의 가지 교실 Ⅰ권』
  『믿음의 가지 교실 Ⅱ권』

• 4단계 :『믿음의 열매 교실 Ⅰ권』
『믿음의 열매 교실 Ⅱ권』

본 시리즈의 각 교재들은 '단계적 연속성'을 지닙니다. 따라서 1단계 Ⅰ권부터 4단계 Ⅱ권까지 여덟 권을 차례대로 공부하면 좋겠지만, 그렇다고 해서 반드시 순서를 따를 필요는 없습니다. 어느 단계의 교재이든지 마음이 가는 것을 골라서 하나님 말씀을 배우고 묵상하면서 순종으로 이어 가겠다는 마음이면 충분합니다.

필자는 본 시리즈의 교재들을 우선적으로 개인이 하루에 한 과씩 정독하고 묵상하면서 공부하도록 설계하였습니다. 교재의 내용들을 연속으로 읽어 내려가기보다는, 조용한 장소를 찾아서 하루에 한 과씩 내용을 읽고 묵상하신 후에 마지막 단락에 있는 "성경 공부를 통해서 얻은 통찰 메모하기"로 마무리하시길 권합니다. 아울러 본 교재는 소그룹 나눔과 강의식 성경 공부에도 무리 없이 활용할 수 있도록 내용이 구성되어 있습니다. 개인 학습으로 다져진 통찰을 공동체와 함께 나누되, 리더의 강의와 토론을 통해 이해를 확장하고 교재에 있는 여러 나눔의 내용들을 소그룹 안에서 나누실 것을 권합니다. 이러한 나눔과 피드백의 선순환이 배움이 생활의 습관으로 이어지도록 도움을 줄 것입니다.

시리즈의 각 교재들마다 '나눔 거리'(객관식과 주관식)를 풍성하게 담아서, 독자들이 배운 내용을 공부하는 자리에서 되새기면서 적용하도록 하였습니다. '나눔 거리'는 성경 지식을 머리에만 머물지 않고, 마음과 삶으로 옮겨가도록 돕는 통로가 됩니다. 나눔을 통해서 말씀이 구체적인 삶의 적용점으로 이어지며, 나아가서 '개인의 깨달음'이 '공동체의 지혜'로 확장되는 징검다리가 될 것입니다. '나눔 거리'는 대부분 객관식으로서, 객관식 나눔의 답이 하나일 때도 있고 여러 개일 때도 있고 전부일 때도 있습니다. 주관식 나눔도

일부 들어가 있는데, 주관식 나눔의 목적을 교재의 내용을 묵상하는 중에 나눔을 천천히 읽고 곰곰이 생각해 보는 과정을 가짐으로써, 사고의 폭이 넓어지고 삶의 실천으로까지 나아가도록 하는 데에 두었습니다. 교재의 마지막 부분에 객관식 나눔의 답과 주관식 나눔에 대한 예시 답변을 실어놓았으니, 묵상을 마치신 후에 참조하시면 되겠습니다.

본 시리즈는 '지식'을 넘어 '삶'으로 이어지는 믿음의 여정으로 안내하는 것에 주안점을 두었습니다. 본 시리즈의 교재들이 독자들에게 하나님과의 관계를 다시금 점검하면서, 흔들림 없는 믿음으로 나아가도록 그 토대를 세워줄 것입니다. 바라기는 본 시리즈의 교재들을 접하는 모든 이들이 말씀의 반석 위에 굳건히 서며, 신앙 공동체 안에서 함께 믿음의 성장을 이루어가는 기쁨을 누리게 되기를 소망합니다.

본 교재(『믿음의 씨앗 교실 II권』)는 10주 과정으로서, 독자들이 신앙의 핵심적인 주제들을 명확하게 이해하도록 돕는 데에 초점을 두었습니다. 1부에서는 I권에서의 내용에 이어서 청지기의 삶과 성령 충만과 영적 전쟁과 같은 실제적인 신앙 훈련을 더합니다. 2부에서는 교회 공동체와 성도의 교제와 은사와 봉사 그리고 성례전 같은 주제들을 통해서 성도가 공동체 안에서 신앙을 구체적으로 실천하도록 이끌고, 나아가서 3부에서는 신자의 사명과 종말론적 삶을 다루면서 믿음의 방향과 궁극적인 목표를 제시합니다. 『믿음의 씨앗 교실 II권』의 목적은 믿음의 씨앗이 말씀의 토양에 심겨짐으로써, 성도들이 하나님 나라의 확장에 쓰임을 받는 성숙한 일꾼으로 세워지도록 하는 것에 있습니다.

원고 집필 과정 내내 관심과 기도로 응원해 주신 모든 분들께 감사를 드립니다. 특별히 광성교회에서 10년간 성경 공부를 인도할 수 있도록 배려해 주신 남광현 위임목사님께 감사드립니다. 목사님의 관심과 넓은 배려 속에서 풍부한 성경 공부 경험을 쌓을 수 있었습니다. 그리고 지난 10여 년 동안 저의 성경 공부 강의에 성실하게 참여하신 광성교회의 여러 성도님들께도 감사드립니다. 바쁜 목회 일정 속에서도 본 교재의 디자인을 맡아 주신 김지훈 목사님께 깊이 감사드립니다. 세심한 미감과 구조화 덕분에 글의 내용의 가독성과 전달력이 한층 높아졌습니다. 본문을 정성껏 교정해 준 동생 김지연 집사에게도 감사의 마음을 전합니다. 꼼꼼하게 오타를 점검하면서 문장을 다듬어줌으로써 글의 정확성과 품격이 크게 향상되었습니다.

바라기는 이 작은 책이 하나님을 사랑하는 독자들의 신앙 여정에 따뜻하고 섬세한 동반자가 되기를 바랍니다.

2025년 11월 24일

김 연 수

이 책을 개인적으로 공부하는 방법

(매일 또는 한 주에 한 과씩 10주 과정으로 읽고 묵상하실 것을 권합니다.)

1. 공부 준비(3분): 교재와 함께 필기구를 준비하고 조용한 장소를 찾아서 기도를 한 후에 성경 공부를 시작합니다.

2. 개요 파악(5분): "학습 포인트"를 읽은 후에 해당 과가 어떤 소제목들과 내용으로 구성되어 있는지를 훑어보면서 파악합니다.

3. 본문 읽기(20분): 본문을 정독해서 읽어 내려가는 중에 핵심 문장들에 밑줄을 긋고 그 의미를 새겨봅니다.

4. "함께 나누어요"(17분): 본문의 마지막 항목마다 "나눔 거리"가 들어가 있습니다. 정답 유도형 나눔이 아니라 자기반성적이고 성찰적인 성격의 나눔입니다. 읽은 본문을 근거로 답을 찾도록 구성되어 있어서, 객관식 나눔의 정답을 쉽게 찾을 수 있습니다. 객관식 나눔에서는 정답과 틀린 답변들을 보면서, 나와 내가 속한 공동체가 어떤 모습을 띠는지를 잠깐씩 돌아보는 시간을 갖습니다. 주관식 나눔에서도 특별히 답을 찾으려 하지 말고 나눔의 의도가 어디에 있는지를 생각해 보는 정도이면 좋습니다. 중요한 것은 '정답'보다 '진심 어린 성찰'입니다. 교재의 마지막에 "함께 나누어요 - 정답"을 실어놓았으니, 성경 공부를 마친 후에 정답을 비교해 보시면 되겠습니다.

cf) 객관식 나눔의 정답이 하나일 때도 있고 여러 개일 때도 있습니다.

5. 통찰 메모와 마무리 기도(10분) : 성경 공부를 마치면서 공부한 내용을 머리에 떠올리면서 마지막 메모 란에 "통찰"을 적습니다. 이때 통찰에 주중 실천 사항 한 가지 정도가 포함되면 좋습니다. 통찰을 기록한 후에 기도로 마무리하면서 성경 공부를 마칩니다.

이 책을 소그룹에서 공부하는 방법

(소그룹 리더용 - 한 주에 한 과씩 10주 과정으로 읽고 묵상하실 것을 권합니다.)

1. 오프닝 & 기도(5분): 리더가 소그룹 멤버들을 환영하고 서로 인사를 나누도록 한 후에 기도로 성경 공부를 시작합니다.

2. 개요 파악(5분): 리더가 소그룹 멤버들과 함께 "학습 포인트"를 읽으면서 해당 과가 어떤 소제목들과 내용으로 구성되어 있는지를 훑어보면서 파악하도록 이끕니다.

3. 본문 읽기(20분): 리더는 성경 공부 전에 본문의 각 소제목에서 핵심 설명이 무엇인지를 미리 파악하면서 요점을 파악하셔야 합니다. 성경 공부 시 미리 파악한 요점을 간략하게 설명합니다.

4. "함께 나누어요"(20분): 본문의 마지막 항목마다 "나눔 거리"가 들어가 있습니다. 정답 유도형 나눔이 아니라 자기반성적이고 성찰적인 성격의 나눔입니다. 읽은 본문을 근거로 답을 찾도록 구성되어 있어서, 객관식 나눔의 정답을 쉽게 찾을 수 있습니다. 객관식 나눔에서는 리더가 정답과 틀린 답변들을 가지고 지체들이 자신들의 신앙생활이 어떤지를 돌아보도록 이끌어야 합니다. 주관식 나눔에서도 특별히 답을 찾으려 하지 말고, 리더가 나눔의 의도가 어디에 있는지를 지체들이 생각하도록 이끄는 정도이면 좋습니다. 중요한 것은 '정답'보다 '진심 어린 성찰'입니다. 교재의 마지막에 "함께 나누어요 - 정답"을 실어놓았으니, 성경 공부를 준비하실 때 정답을 참조하면서 나눔의 방향성을 잡으시면 되겠습니다.

cf) 객관식 나눔의 정답이 하나일 때도 있고 여러 개일 때도 있습니다.

5. 통찰 메모와 마무리 기도(10분): 리더는 성경 공부를 마치면서 지체들이 공부한 내용을 머리에 떠올리면서 메모란에 "통찰"을 적도록 인도합니다. 지체들이 적은 통찰을 소그룹에서 짧게 나눈 후에 기도로 마무리하면서 성경 공부를 마칩니다.

추천의 글 1

김 명 용 (前 장로회신학대학교 총장, 온신학아카데미 원장)

김연수 목사가 성경 공부 시리즈「믿음의 나무」(1-8권)를 펴내게 됨을 진심으로 기쁘게 생각합니다. 이 시대의 한국교회 성도들에게 꼭 필요한 성경 공부 교재입니다. 성경 지식을 전달하는 데만 머무르지 않고, 말씀을 삶으로 살도록 하는 실제적 동력을 제공해 줍니다. 매 과마다 학습 포인트를 먼저 제시하면서 본문과 나눔과 적용의 구조로 명확하게 이루어져 있어서 누구나 부담 없이 혼자서 이 교재를 읽으면서 공부할 수 있습니다. 나아가서 새가족반(기초반), 양육자반(중급반), 성숙자반(상급반) 등 다양한 소그룹 성경 공부 교재로도 손색이 없습니다. 교회 교육의 표준을 찾는 분들에게, 저는 확신을 가지고 이 시리즈를 추천합니다. 성경 공부 시리즈「믿음의 나무」가 각 교회와 가정에서 성도들의 믿음의 토대를 깊게 세우고, 예수 그리스도의 제자의 삶을 일상 속에서 풍성하게 살아가도록 이끌기를 소망하면서 기쁨으로 본서를 권합니다.

추천의 글 2

정 성 진 (거룩한빛광성교회 은퇴목사, 실천신학대학원대학교 총장)

교회에서 예배 다음으로 중요한 것이 성경 공부요 목사의 사역 중 설교 다음으로 성경을 가르치는 것이 중요합니다. 성경 공부 교재를 만드는 분들은 대부분 기독교 교육 전공자들이고, 성서학을 전공하는 분들이 간혹 있습니다. 그런데 김연수 목사는 조직신학박사입니다. 조직신학자로서 방대한 분량의 성경 공부 교재를 발간한 일은 매우 드문 경우입니다. 김연수 목사의 목회 여정을 살펴보니 광성교회 부목사로서 성인 성경 공부를 9년간 인도하면서 그 경험을 바탕으로 시리즈별 성경 공부 82주 과정의 방대한 교재를 집필한 것임을 알게 되었습니다. 조직신학자가 집필한 성경 공부 교재답게 기초과정, 중급과정, 상급과정, 성숙자과정으로 체계적으로 잘 구성되어 있음을 보았습니다. 성인 성경 공부 교재가 부족한 한국교회에 매우 반가운 일입니다. 김연수 목사의 노고를 치하드리며 한국교회 성숙에 크게 이바지하게 될 것을 믿어 기쁨으로 추천하는 바입니다.

추천의 글 3

윤 철 호 (장로회신학대학교 명예교수)

성경 공부 시리즈 『믿음의 나무』는 신앙의 기초를 든든히 세우고 싶은 모든 성도에게 꼭 필요한 성경 공부 교재입니다. 저자의 풍부한 목회 경험이 담긴 이 책은 말씀을 알고-묵상하고-살아내는 신앙의 여정을 따뜻하게 안내합니다. 하루 한 과씩 묵상하도록 설계된 구성과 풍성한 나눔 요소는 개인 학습은 물론 소그룹 공부에도 탁월합니다. 신앙의 씨앗이 자라 뿌리를 내리고 열매 맺도록 돕는 귀한 도구로서, 말씀 앞에서 다시 출발하고자 하는 모든 분께 기쁘게 추천합니다.

추천의 글 4

최 윤 배 (前 장로회신학대학교 조직신학 교수/現 객원교수)

추천인은 김연수 박사님의 옥저, 성경 공부 시리즈 『믿음의 나무』(8권)를 크게 두 가지 이유에서 모든 평신도들과 신학도들과 목회자들에게 강력하게 기꺼이 추천드립니다.

첫째, 저자가 김연수 박사님이기 때문입니다. 추천인은 그의 장로회신학대학교 학부(Th.B.)와 신학대학원 교역학석사(M.Div.) 과정에서 만난 이후, 그의 조직신학 전공 신학석사(Th.M.) 학위논문과 신학박사(Th.D.) 학위논문 지도교수로 함께 하였습니다. 그리고 그는 조교로서 추천인을 옆에서 직접 돕기도 하였습니다. 오랫동안 가까이서 경험한 김연수 박사님은 한결같이 성실하고 신실한 믿음의 신학도이며, 전도사며, 목사며, 신학자였습니다.

둘째, 본서의 내용과 저술 방법 때문입니다. 이 땅에 수많은 신앙 서적들이 있지만, 아쉬움을 가진 서적들이 많습니다. 내용이 난해하거나 부실한 경우가 적지 않습니다. 그러나 김연수 박사님의 『성경 공부 시리즈』는 내용이 아주 성경적이고 복음적인 동시에, 신앙백과사전과 같은 방대한 성경과 교리 내용이 아주 간결하고도 명쾌하게 진술되어 있습니다. 이에 본서를 평신도와 신학도와 목회자 모두가 읽고 배우며 삶과 교회에 실천하길 바라면서, 한국교회의 성숙을 위해 자신 있게 추천합니다.

추천의 글 5

신 옥 수 (장로회신학대학교 조직신학 교수)

하나님의 신실한 종 김연수 목사가 성경 공부 교재를 출간하게 됨을 진심으로 축하드립니다. 건강한 신앙과 탄탄한 신학적 지식을 바탕으로 짜임새 있게 구성된 책이라고 생각합니다. 무엇보다도 하나님의 말씀을 사랑하고 교회를 사랑하는 마음이 가득 담겨 있습니다. 다양한 주제를 통해 신앙의 기초를 쌓을 수 있도록 풍성한 말씀의 식탁을 베풀고 있습니다. 말씀을 묵상하고 함께 나눔으로써 성도들의 실제 생활에 적용할 수 있도록 구성되었습니다.

김목사님은 장로회신학대학교 대학원에서 조직신학 박사 학위를 취득했는데, 누구보다도 탁월하고 성실하며 근면한 모습을 보여주었습니다. 10여 년 동안 교회 현장에서 성도를 사랑하고 섬기는 한결같은 자세로 성경 공부를 인도해왔으며, 이제 그 열매를 한국교회 앞에 내놓게 되었습니다. 본 저서가 하나님의 말씀에 대한 열정을 지닌 성도들에게 마른 가뭄에 생수처럼 다가갈 수 있기를 바랍니다. 성도들의 삶의 변화를 낳는 소중한 기회를 제공함으로써 말씀 공동체의 성숙을 위한 디딤돌이 되기를 기대합니다.

추천의 글 6

남 광 현 (광성교회 위임목사)

김연수 목사님은 제가 아는 목사님들 중 가장 목사님다운 목사님 중 한 분입니다. 우리 교회 청년부를 맡으면서부터 알게 되어 지금까지 10년을 같이 동역한 목사님입니다. 그런데 그렇게 선할 수 없습니다. 목사님은 학창 시절 공고 출신으로서 학교 다닐 때 모자를 삐딱하게 쓰고, 가방에 연장을 들고 다녔고, 그리고 성인이 되어서는 인천 당구 300 정도였다 합니다. 예수님을 만나기 전의 김연수는 어떤 사람이었을까, 가히 짐작이 갈 것입니다. 그러나 제가 지난 10년 동안 경험한 김연수 목사님은 정말 선한 목자입니다. 그렇다면 무엇이 그를 이렇게 변화시켰을까? 예수님입니다. 그분의 말씀입니다.

이번에 출간하는 성경 공부 시리즈 「믿음의 나무」는 그것을 보여줍니다. '씨앗'에서부터 시작하여 '뿌리', '가지', 그리고 '열매'에 이르는 변화! 그 내용은 오늘의 김연수 목사를 가능하게 한 하나님을 향한 그의 신앙고백과도 같습니다. 그가 공부했고, 그가 살았고, 그가 경험했고, 이제 묻고 답하는 과정 속에서 알아가게 되는 하나님입니다.

김연수 목사님은 조직신학 박사이기도 하지만, 우리 광성교회에서 수년간 목회와 성경 공부 사역을 성심을 다해 섬겨 온 목자입니다. 이 책은 김연수 목사님의 신학적 고민과 목회적 통찰이 알차게 담긴 결실입니다. 본 시리즈는 성경 본문에 기초해서 교리와 삶을 유기적으로 연결하며, 개인 묵상과 소그룹 나눔이 자연스럽게 맞물리도록 설계되어 있습니다. 질문과 적용이 선명하고 한국교회 현실에 맞춘 예시들이 독자들의 일상 속 순종을 구체적으로 이끌어줍니다. 말씀을 '아는 것'에서 멈추지 않고 '따르는 것'으로 이끄는 구조가 돋보이며, 교회 공동체가 같은 언어로 복음을 고백하고 실천하도록 돕는 좋은 커리큘럼입니다.

저는 본 시리즈가 우리 교회의 성도들뿐 아니라 한국교회 곳곳의 소그룹과 교육부서에서 널리 쓰이기를 진심으로 권합니다. 김연수 목사의 신실한 신앙과 탄탄한 연구가 만들어 낸 이 귀한 교재를 기쁨으로 추천합니다.

차 례

함께 나누어요 - **정답** - 162

1부

거듭난 신앙인의 삶

1과. 청지기의 삶

1. 청지기가 무엇인가?
2. 청지기와 소명 의식
3. 청지기의 자세 1 : 공동체 의식
4. 청지기의 자세 2 : 섬김
5. 청지기의 자세 3 : 책임감
6. 시간의 청지기
7. 물질의 청지기
8. 환경과 피조 세계의 청지기

1과. 청지기의 삶

학습 포인트

1. 청지기가 하나님의 주권을 인정하고 자원을 바르게 관리하는 자임을 이해케 한다.
2. 청지기의 삶이 소명 의식을 가지고 공동체 안에서 섬김과 책임으로 실천됨을 알게 한다.
3. 신자가 시간과 물질과 재능 등 모든 것을 하나님의 영광을 위해 관리해야 함을 배운다.
4. 피조 세계를 돌보는 일도 청지기의 사명임을 알게 한다.

청지기의 삶은 모든 것이 하나님의 것임을 인정하는 데서 시작됩니다. "땅과 거기에 충만한 것과 세계와 그 가운데에 사는 자들은 다 여호와의 것이로다"(시 24:1). 하나님은 우리 각자에게 시간과 재능과 물질과 자연 등 다양한 자원을 맡기셨고, 인간은 그것을 바르게 관리하고 사용하는 책임을 지닌 존재입니다. 청지기는 주인의 뜻을 따라서 맡겨진 것을 충실히 감당하는 자로서, 소명 의식과 공동체적 책임감, 그리고 섬김의 자세를 갖추어야 합니다. 성경은 청지기를 단순히 관리자가 아니라, 하나님의 뜻을 실천하는 사명의 사람으로 소개합니다. 청지기의 삶은 하나님 나라를 이 땅에 구현해 가는 하나님의 부르심에 응답하는 삶입니다.

1. 청지기가 무엇인가?(Steward)

신학적으로 청지기는 하나님께서 만물을 우리에게 맡기시고 그 관리와 사용에 책임을 지도록 세우신 사람을 가리킵니다. '하나님은 모든 것의 주인'이시고(시 24:1), 인간은 '그분의 청지기'로서 재능을 발휘하면서 이 땅과 자원들을 돌보아야 하는 존재입니다. 창세기에서 하나님께서는 첫 사람 아담에게 에덴동산을 경작하고 지키라고 명령하셨는데, 이것이 성경에 첫 번째로 등장하는 청지기 소명입니다(창 2:15). 예수님도 달란트 비유를 통해서(마 25:14-30), 받은 은사를 소중히 관리하면서 열매를 맺어야 함을 가르치셨습니다.

청지기의 삶은 나에게 속한 모든 것들을 '나의 것'이 아니라 '주님께 속한 것'으로 여기면서, 감사와 신중함으로 그것들을 돌보고 관리하겠다는 태도에서 시작됩니다. 청지기가 관리해야 하는 영역은 매우 넓습니다. 물질과 더불어서 시간과 재능과 관계 등 하나님이 맡기신 모든 영역을 관리합니다. 청지기 직분을 신실하게 감당하기 위해서, 신자는 작은 일에도 최선을 다하는 성실함을 길러야 합니다.

청지기의 삶은 일상의 평범한 순간들 속에서 더욱 선명하게 드러납니다. 가정에서의 책임, 직장에서의 충실함, 교회와 공동체에서의 섬김 모두가 청지기 정신이 실천되는 자리입니다. 청지기 직무는 하나님께서 주신 모든 자원을 올바로 분별하고 지혜롭게 사용하는 훈련과 관련됩니다. 신앙인들은 언젠가 주님 앞에 서면서 '내가 성실하게 청지기 역할을 수행했는지'를 검토받는 자리에 서게 될 것입니다.

함께 나누어요 ❶

다음 중 청지기 직무를 감당할 때 요구되는 가치로 옳지 않은 것은 무엇인가요?

① 가정에서의 책임
② 직장에서의 충실함
③ 교회와 공동체에서의 섬김
④ 자신의 유익만을 위한 경쟁과 이기적인 선택
⑤ 하나님이 주신 자원을 낭비하거나 하찮게 여기는 태도

2. 청지기와 소명 의식(Steward and Sense of Calling)

청지기의 사명은 신자가 하나님께 부름을 받아 맡게 되는 거룩한 직분입니다. 이 청지기 사명은 반드시 소명 의식 위에서 수행되어야 하는데, 소명 의식이란 하나님께서 나를 이 일에 부르셨다는 인식을 가리킵니다. 이 인식이 뚜렷할수록 신자는 사람의 시선을 뛰어넘으면서, 변함없이 맡겨진 그 일에 충성할 수 있습니다. 사람의 평가보다 하나님의 뜻과 기쁨에 초점을 맞추면서, 맡겨진 일에 책임감 있게 임할 수 있습니다.

소명 의식은 매일의 평범한 순간들 속에서 조용히 발현될 수 있습니다. 예를 들면 정직하게 일하고, 곁에 있는 사람들을 사랑하며, 작은 일에도 책임을 다하는 태도는 모두 하나님의 부르심을 인식한 자의 모습입니다. 이러한 소명 의식을 지닌 청지기는 모든 삶의 영역에서 거룩함과 사랑과 신실함으로 무장하며, 자신에게 맡겨진 일을 지혜롭게 감당해 나갑니다. 무엇보다 그는 자신의 삶 전체를 '코람 데오'('coram Deo', '하나님 앞에서')의 태도로 일관합니다. 신앙인들은 주님께서 나의 수고뿐 아니라, 삶을 살아가는 과정과 마음의 중심까지도 주목하시는 분이심을 기억해야 합니다.

함께 나누어요 ❷

다음 중 '소명 의식'의 올바른 의미가 무엇인가요?

① 하나님께서 나를 이 일에 부르셨다는 인식
② 나의 능력과 성취를 드러내겠다는 동기부여
③ 열심히 해서 사람들에게 인정받겠다는 마음의 동기
④ 안정적인 직업을 선택하는 기준
⑤ 일을 억지로 감당하게 만드는 부담감

3. 청지기의 자세 1 : 공동체 의식(Sense of Community)

청지기의 자세로 첫째 '공동체 의식'이 요청됩니다. 이 공동체 의식은 모든 구성원들이 주님의 몸 된 교회의 지체임을 자각하는 데서 시작됩니다. "몸은 하나인데 많은 지체가 있고 몸의 지체가 많으나 한 몸임과 같이 그리스도도 그러하니라"(고전 12:12). 이 공동체 의식은 서로의 필요를 살피고 책임지는 돌봄과 나눔의 실천으로 구체화됩니다(빌 2:4).

예를 들면 내가 가지고 있는 물질이나 시간이 있는데, 그것을 필요로 하는 다른 지체와 나눕니다. 이렇게 함으로써 그 공동체가 건강한 나눔터가 됩니다. 또 각각의 지체들이 공동체 안에서 겸손히 맡은 역할을 감당하면서, 그 공동체 가운데 평강이 깊게 자리를 잡습니다. 웃음이 끊이지 않습니다. 이것들 모두가 공동체 의식의 건강한 발현입니다. 공동체 의식은 그 공동체의 구성원들이 주님께 받은 사명을 보람 가운데 함께 이루어가는 근간이 됩니다.

공동체 의식은 하루아침에 형성되는 것은 아니며, 꾸준한 자기 진단과 신앙의 실천 속에서 자라갑니다. 신자는 각자의 자리에서 공동체를 위한 기도와 관심을 멈추지 않아야 합니다. 때로는 지체들 사이에 갈등이나 오해도 생길 수 있지만, 그 순간에도 그 마음에 섬김과 사랑을 잃지 않습니다. 주님의 마음을 품고 공동체의 지체들을 바라보면서 판단하지 않고 세워주는 방향으로 나아갑니다. 이렇게 자라난 공동체 의식은 외부로부터 오는 도전 앞에서도 흔들림 없이 공동체의 하나 됨을 지켜내는 힘이 됩니다.

함께 나누어요 ❸

다음 중 공동체 의식이 구체화 되는 모습으로 옳은 것은 무엇인가요?

① 모든 일을 혼자서 감당하겠다는 생각

② 다른 지체가 필요로 하는 것을 살피면서 돕는 돌봄과 나눔

③ 필요한 경우만 다른 이들과 교제하는 것

④ 물질과 시간과 재능을 나를 위해서만 사용하는 것

⑤ 공동체와 무관하게 독립적으로 일을 하는 것

4. 청지기의 자세 2 : 섬김(Service)

청지기의 자세로 둘째 '섬김'이 요청됩니다. 섬김은 예수님께서 직접 삶으로 보여주신 덕목입니다. 예수님은 "인자가 온 것은 섬김을 받기 위함이 아니라 섬기러 왔다"고 선언하셨습니다(막 10:45). 섬김은 다른 지체들의 필요를 듣고 공감하며 함께 짐을 지는 동반자의 태도입니다. 각각의 지체들이 공동체 안에서 지혜롭고 현명하게 섬김을 실천할 때, 서로의 은사와 역할이 조화롭게 어우러지면서 교회가 건강하게 세워집니다. 섬김의 실천은 예수님을 따라가는 제자도이며, 주께서 주신 달란트를 충성스럽게 관리하는 행함이 있는 믿음입니다.

섬김은 그 공동체에 하나님 나라를 이루어가는 거룩한 순종의 행위입니다. 신자의 섬김은 다른 지체들에게 그리스도의 사랑을 전하는 통로가 됩니다. 섬김은 청지기로서 주님 앞에 드릴 수 있는 가장 아름다운 열매 중 하나입니다. 작은 섬김들이 공동체 전체를 변화시키고, 그 섬김을 통해서 하나님께서 영광을 받으십니다. 그러므로 신자는 섬김을 선택이 아닌 사명으로 받아들여야 합니다.

함께 나누어요 ❹

섬김이 버겁게 느껴질 때 나는 어떻게 반응하거나 극복합니까?

① 기도하면서 하나님의 위로와 지혜를 구한다.
② 잠시 휴식을 가지면서 마음을 추슬러 본다.
③ 믿음의 친구나 리더에게 상담을 요청한다.
④ 그래도 맡은 일은 끝까지 감당하려고 애쓴다.
⑤ 부담스러워하다가 결국에는 섬김을 거절한다.

5. 청지기의 자세 3 : 책임감(Responsibility)

청지기의 자세로 셋째 '책임감'이 요청됩니다. 책임감 있는 청지기는 하나님 앞에서 자신에게 맡겨진 일들을 신중하고 정직하게 관리하겠다는 마음가짐을 갖습니다. 그는 단순히 '일을 하는 것'에 그치지 않고, 하나님이 기뻐하시는 방식으로 일을 감당하겠다는 의지를 갖습니다. 현명한 책임 의식입니다. 이러한 책임감이 열매 맺는 충성으로 표출됩니다. 예수님께서도 "지극히 작은 것에 충성하는 자는 큰 것에도 충성한다"고 선언하셨습니다(눅 16:10).

청지기의 책임감은 관심으로 드러납니다. 먼저 내가 받은 자원에 관심을 갖고, 나아가서 그것을 통해서 내가 어떤 열매를 맺을 수 있을까에 대해서도 관심을 갖습니다. 하지만 그렇다고 해서 결과나 성과에만 몰두하는 것은 아닙니다. 일을 감당해 나가는 과정에서 하나님의 뜻에 합당했는지를 돌아보는 성찰의 자세를 지닙니다. 때로는 사람들에게 인정을 받지 못해도, 보상이 따르지 않아도, 자신이 하나님께 보고드릴 존재임을 기억하며 흔들리지 않습니다.

책임감 있는 청지기는 실수나 부족함이 드러날 때도 핑계보다는 반성과 변화의 방향으로 나아가려는 용기를 가집니다. 그는 자신이 주인이 아니라 관리자이며, 반드시 주인 되신 하나님 앞에 서게 될 날이 있다는 사실을 늘 자각합니다. 이러한 마음가짐은 그를 두려움이 아닌 경외심과 사명 의식으로 이끄는 동력이 됩니다.

함께 나누어요 ❺

다음 중 책임감 있는 청지기의 기본 마음가짐으로 옳은 것은 무엇인가요?

① 보상이 없으면 동기부여가 되지 않는 마음

② 맡은 일만 끝내면 그만이라는 생각

③ 다른 사람과 비교하면서 더 나아 보이려는 태도

④ 하나님 앞에서 맡겨진 모든 것을 신중하고 정직하게 관리하겠다는 마음

⑤ 해야 하는 일의 많고 적음을 따져보는 태도

6. 시간의 청지기(Steward of Time)

시간의 청지기는 시간을 올바르게 관리하는 것을 말합니다. 청지기는 시간을 하나님께 받은 선물로 여기면서 시간을 바르게 선용합니다. 신자는 '주어진 날을 아끼라'는 성경의 가르침에 따라서 하루하루를 소중히 여깁니다(엡 5:15-16). 나의 시간을 기꺼이 기도와 말씀 묵상과 예배 참석 등, 영적 훈련에 투자합니다. 시편 기자도 "우리에게 우리의 날 계수함을 가르치사 지혜로운 마음을 얻게 하소서"라고 간구하면서, 시간의 중요성을 언급했습니다(시 90:12).

또한 시간의 청지기는 일과 쉼 사이에서 균형을 잡으려고 노력합니다. 시간 관리가 균형이 잡힐수록 그 내면에 성령의 열매들('사랑'과 '기쁨'과 '인내' 등)이 풍성하게 맺혀집니다. 그리고 시간을 떼서 가족과 교제하는 장을 마련하는 것도 청지기로서 헌신해야 할 중요한 영역입니다. 시간의 청지기 훈련은 가족을 귀하게 여기는 작은 습관에서 시작됩니다.

함께 나누어요 ❻

시간의 청지기로서 시간을 대하는 올바른 태도는 무엇인가요?

① 시간을 하나님께 받은 선물로 여기면서 바르게 선용하는 것
② 시간을 최대한 나만을 위해서 사용하는 것
③ 바쁜 일정을 즐기는 것
④ 휴식 시간을 최대한 줄이고 일하는 시간을 늘리는 것을 최고라고 여기는 것
⑤ 일을 미루면서 아무 문제도 없다고 생각하는 것

7. 물질의 청지기(Steward of Material Resources)

물질의 청지기는 하나님께서 주신 재물과 소유를 현명하게 관리하는 것을

가리킵니다. 예수님은 달란트 비유를 통해서(마 25:14-30), 물질을 어떻게 관리하느냐에 따라서 칭찬과 더 큰 사명이 주어짐을 가르치셨습니다. 바울도 "주는 자가 복이 있다"고 권면하면서(행 20:35), 나눔이 신자에게 합당한 가치임을 얘기했습니다. 소유를 늘리는 데 급급하기보다, 필요한 만큼 사용하고 나머지는 하나님 나라와 이웃을 위해서 사용하는 훈련이 신자에게 필요합니다.

정직하고 지혜롭게 물질을 관리하는 성실함은 청지기로서 갖추어야 하는 중요한 덕목입니다. 이 점에 있어서 예산을 세워서 '주일헌금'과 '교제비'와 '저축'과 '나눔'을 구분해 보는 연습을 권장합니다. 물질의 청지기 개념은 단순히 절약하는 것을 넘어섭니다. 하나님께 받은 복을 이웃에게 나누는 관대함으로 이어질 때 물질의 청지기로서 그 의미가 완성됩니다. 이렇게 올바른 물질 관리가 습관이 되면, 자신과 공동체 모두에게 유익을 끼치는 복의 통로가 됩니다.

함께 나누어요 ❼

다음 중 물질의 청지기로서 물질을 대하는 올바른 태도는 무엇인가요?

① 나만을 위해서 물질을 사용하는 것
② 최대한 많은 재산을 모으는 것
③ 하나님께서 주신 재물과 소유를 지혜롭게 관리하는 것
④ 물질 사용 계획을 전혀 세우지 않는 것
⑤ 재산을 몰래 숨겨 두는 것

8. 환경과 피조 세계의 청지기(Steward of Environment and Creation)

하나님께서는 인간을 창조하실 때부터 피조 세계의 청지기로 부르셨습니다. 창세기 1장에서 '땅을 정복하고 다스리라'는 명령은 단순히 지배하라는 말씀이 아니라 인간에게 관리와 보호의 책임을 위임하신다는 의미입니다(창

1:28). 아담이 에덴동산에서 '동산을 경작하며 지키라'는 사명을 받은 것도 (창 2:15), 환경 보전의 첫 모델로 이해될 수 있습니다. 시편 기자도 '땅과 그 충만한 것이 다 여호와의 것'이라고 고백하면서(시 24:1), 모든 피조물이 하나님의 소유임을 선포했습니다. 이러한 인식은 신자에게 자원의 낭비를 피하고, 물과 공기와 땅을 보호하는 책임 있는 삶의 태도를 요청합니다.

피조 세계를 돌보는 일은 미래 세대를 위한 책임감 있는 태도이기도 합니다. 바울은 로마서 8장에서 모든 피조물들이 회복을 간절히 기다리고 있다고 하면서, 신자들이 창조 세계의 회복에 적극적으로 동참할 사명을 가짐을 강조합니다(롬 8:19-22). 신자가 피조 세계의 청지기로 살아가는 것은 하나님의 창조 질서를 지키고 그분의 선하심을 세상에 증거하는 거룩한 삶이 됩니다.

함께 나누어요 ❽

신학적으로 볼 때 환경 보호를 어떤 행위로 이해할 수 있나요?

① 정부 정책을 따르는 것

② 단순한 사회봉사 활동

③ 인간의 삶과 상관없는 선택

④ 하나님의 창조 질서를 존중하면서 그분의 영광을 드러내는 예배의 행위

⑤ 자원을 절약하는 경제 활동

함께 나누어요 ❾

하나님께서 나의 삶 전체를 평가하신다면, 나는 하나님께 어떤 청지기로 기억되기를 바라시나요?

성경 공부를 마치며

지금까지 "청지기의 삶"이라는 주제로 성경 공부를 하였습니다. 성경 공부를 통해서 깨달은 점이나 마음에 남은 은혜나 새롭게 얻은 통찰을 간단하게 적어 보시기 바랍니다. 이 기록이 앞으로 하나님과 함께 걸어갈 믿음의 여정을 새롭게 준비하는 소중한 흔적이 될 것입니다.

예시

성경 공부를 통해서 내 삶의 모든 영역이 하나님의 소유이고, 나는 그분의 청지기임을 깊이 자각하게 되었습니다. 그리고 주님께서 맡기신 것들을 더 책임감 있게 돌보면서 살아야겠다는 생각을 하게 되었습니다. 앞으로 더욱 하나님 앞에서 정직하고 충성된 청지기로 살아갈 것을 다짐해 봅니다.

성경 공부를 통해서 얻은 통찰 메모하기

1부

거듭난 신앙인의 삶

2과. 성령 충만

1. 성령 하나님
2. 성령께서 하시는 일
3. 성령 충만이 무엇인가?
4. 성령 충만의 증거 : 성령의 9가지 열매
5. 어떻게 성령 충만해지는가?
6. 성령 안에서 걷기
7. 성령 충만과 영적 분별력
8. 성령 충만의 장애물과 극복

2과. 성령 충만

학습 포인트

1. 성령 충만이 성령께서 신자를 이끌어 하나님의 뜻에 따르도록 하시는 하나님의 역사임을 알게 한다.
2. 성령께서 진리를 깨닫게 하시고 신자의 삶을 변화시키심을 깨닫게 한다.
3. 성령 충만의 증거가 삶의 열매로 나타남을 알게 한다.
4. 말씀과 기도와 찬양을 통해서 성령 충만과 영적 분별력을 유지해야 함을 알게 한다.

성령 충만은 성령 하나님께서 신자의 마음과 삶 전반을 이끄시며, 하나님의 뜻에 순종케 하고 그리스도의 성품을 삶으로 드러내는 상태를 의미합니다. 성령 충만은 뜨거운 감정의 상태만을 의미하지 않습니다. 성령께서는 구원의 시작부터 마지막까지 신자 안에 내주하시며, 깨닫게 하시고 변화시키시고 열매 맺는 삶을 살도록 인도하시는 분입니다. 따라서 성령 충만은 모든 신자에게 '선택이 아닌 필수'이며, 참된 신앙을 분별하는 근원이 됩니다. "술 취하지 말라 이는 방탕한 것이니 오직 성령으로 충만함을 받으라"(엡 5:18). 성령 충만한 삶에는 성령의 열매가 나타나고, 하나님 뜻에 민감하게 반응하는 영적 민감성이 함께 자라납니다.

1. 성령 하나님(Holy Spirit)

먼저 성령 하나님께서 어떤 분이신지를 살펴보겠습니다. 성령 하나님은 삼위일체 하나님의 한 위격으로서, 아버지 하나님과 성자 예수 그리스도와 동일한 본질을 가지신 전능하신 하나님이십니다. 성령은 단순한 힘이나 에너지가 아니라 인격('위격')적인 존재이십니다. 성경은 성령을 명확하게 하나님으로 증언합니다. 사도행전 5장에서 베드로는 아나니아가 '사람이 아니라 성령을 속였다'고 말하면서(행 5:3-4), 성령을 하나님과 동일하게 언급합니다. 베드로가 우리에게 성령께서 인격성과 신성을 지니심을 알려주고 있습니다.

요한복음 14장에서 예수님도 성령을 '보혜사'(παράκλητος)라고 부르셨습니다(요 14:26). 보혜사는 '중재자', '위로자', '변호하는 자', '도움 주는 자' 등, 여러 의미를 갖습니다. 예수님은 성령을 '신자 곁에 함께하시는 인격적인 위로자요 진리의 영'으로 소개하십니다. 로마서 8장에서 바울도 "그리스도의 영이 없는 자는 그리스도의 사람이 아니다"라고 선언함으로써(롬 8:9), 성령의 함께 하심이 신자 됨의 핵심 조건임을 가르쳐 주고 있습니다. 성령은 성부, 성자와 더불어서 영원 전부터 존재하시는 하나님으로서, 완전한 신성과 인격('위격')성을 지니신 하나님이십니다.

함께 나누어요 ❶

다음 중 성령 하나님에 대한 올바른 설명은 무엇인가요?

① 예수님보다 낮은 단계의 영적 존재이시다.
② 단순한 힘이나 에너지와 같은 비인격적 존재이시다.
③ 아버지 하나님과 성자 예수 그리스도와 동일한 본질을 가지신 전능하신 하나님이시다.
④ 창조 이후에 생겨난 영이시다.
⑤ 신약 시대에만 활동하신 하나님이시다.

2. 성령께서 하시는 일(Works of the Holy Spirit)

성령께서 무슨 일을 하시는가? 성령은 신자들의 삶 속에서 능동적으로 역사하시면서, 하나님의 진리 안에서 살아가도록 이끄시는 일을 하십니다. 그분께서 하시는 일은 하나님께서 계시하신 말씀 위에 기초를 둔 실제적인 활동입니다. 첫째 성령은 '진리의 인도자'이십니다. 예수님께서는 성령을 '진리의 영'이라 부르시면서, "그가 너희를 모든 진리 가운데로 인도하시리라"고 말씀하셨습니다(요 16:13). 성령의 인도하심은 말씀의 빛 안에서 신자의 생각과 삶을 조명하면서 하나님의 뜻을 분별하게 하는 사역입니다. 신자가 성경을 묵상할 때 성령께서 그 의미와 적용점을 깨닫게 하십니다.

둘째 성령은 '예수 그리스도를 증거하시는 분'입니다. 요한복음 15장에서 예수님은 "내가 아버지께로부터 너희에게 보낼 보혜사, 곧 아버지께로부터 나오는 진리의 영이 오시면 그가 나를 증언하실 것"이라고 말씀하셨습니다(요 15:26). 성령은 사람에게 '예수님이 곧 그리스도이심'을 깨닫고 믿게 하면서, 죄 사함과 복음에 대한 분명한 확신을 심어주십니다.

셋째 성령은 어려움에 처한 이들을 '위로하시는 분'입니다. 요한복음 14장에서 예수님은 "다른 보혜사를 너희에게 주사 영원토록 너희와 함께 있게 하리라"고 말씀하셨습니다(요 14:16). 성령은 신자의 연약함을 아시는 분으로서, 어려움 가운데 있는 신자를 위로하시면서 평안을 심어주십니다. 성령께 위로를 받은 성도는 그분의 위로를 이웃에게 나누어 주는 삶을 살아가게 되는데, 이것은 하나님 나라의 사랑을 실천하는 거룩한 통로가 됩니다.

성령의 인도하심과 증거하심과 위로하심의 사역은 거듭난 신자들의 삶 속에서 동시에 일어나는 통합적인 사역입니다. 이 사역들은 서로 분리되지 않고 유기적으로 맞물려서, 신자의 삶을 더욱 성숙하게 세워갑니다. 성령의 전인적인 사역 속에서 신자는 하나님의 뜻을 따르는 삶을 살게 됩니다.

함께 나누어요 ❷

다음 중 성령의 인도하심이 신자에게 주는 유익으로 옳은 것은 무엇인가요?

① 모든 인간관계를 끊게 한다.

② 다른 사람의 잘못을 예리하게 판단하게 한다.

③ 복잡한 문제를 피하게 한다.
④ 세상적인 성공을 보장한다.
⑤ 하나님의 뜻을 분별하게 한다.

3. 성령 충만이 무엇인가?(Holy Spirit-Filled)

성령 충만은 성령 하나님께서 신자 안에 내주하시면서, 그의 삶 전반을 인도하시고 이끄시는 지속적이고도 일상적인 영적 상태를 가리킵니다. 즉 이 상태는 신자의 전인격이 성령님의 영향 아래 있으면서 그분의 인도하심을 받는 상태입니다.

신학적으로 신자는 회심과 세례를 통해서 '성령 세례'를 받게 되며, 이후 '성령 충만'을 통해서 성령의 능력과 지혜를 공급받으면서 살아갑니다. 사도행전 1장은 '오직 성령이 너희에게 임하시면 너희가 권능을 받는다'고 말씀하면서(행 1:8), 성령 충만이 신자가 사명을 감당하는 힘의 근원임을 보여줍니다.

성령 충만한 삶은 성령님과 동행하는 삶입니다. 날마다 하나님의 말씀을 묵상하는 중에 성령님과 대화하면서, 그분의 인도하심에 민감하게 반응하면서 살아가는 삶이 성령 충만한 삶입니다. 신자는 성령 충만한 삶을 일상 속에서 지속적으로 유지해야 합니다.

또한 신자에게 성령 충만은 삶의 여러 유혹을 멀리하는 방패가 됩니다. 성령께 의지할 때, 신자는 분별과 거절의 능력을 얻게 됩니다. 이것은 성령 충만이 내적인 안정감이나 만족감을 넘어서, 실제 삶 속에서 하나님의 뜻에 일치된 선택과 행동으로 이어지는 것임을 보여줍니다.

예배와 말씀과 기도와 찬양은 성령 충만을 유지하고 갱신케 하는 귀한 통로들입니다. 예배와 말씀과 찬양과 기도 중에 마음을 열고 그분의 임재를 사모할 때, 성령께서 신자의 마음을 새롭게 하시고 다시금 충만하게 채우십니다. 이 충만은 개인적인 은혜를 넘어서, 공동체 안에서 서로를 섬기고 세워 가는 능력으로 이어집니다.

함께 나누어요 ❸

다음 중 성령 충만의 올바른 정의는 무엇인가요?

① 성경을 많이 아는 상태

② 특정 예배나 집회에서만 경험하는 일시적으로 뜨거운 감정

③ 은사를 받기 위한 특별한 의식

④ 성령께서 신자 안에 내주하시면서 삶 전반을 인도하시는 지속적이고 일상적인 영적 상태

⑤ 감정이 항상 고양된 상태

4. 성령 충만의 증거 : 성령의 9가지 열매(Nine Fruits)

성령 충만은 단순히 강렬한 체험이나 은사적인 활동으로만 드러나지 않습니다. 성령 충만의 확실한 증거는 삶 속에서 드러나는 내면의 열매들입니다. 성경은 이 열매들을 성령께서 신자의 삶 속에 맺게 하시는 성품의 변화로 설명합니다. "오직 성령의 열매는 사랑과 희락과 화평과 오래 참음과 자비와 양선과 충성과 온유와 절제니 이 같은 것을 금지할 법이 없느니라"(갈 5:22-23).

성령의 열매들은 성령께서 신자 안에서 역사하셔서 만들어내시는 그리스도인의 인격과 삶의 성숙한 모습입니다. 하나님을 닮아가는 성품의 실현이며, 성령 충만한 삶의 구체적인 결과입니다. 성령의 열매의 첫 번째에 '사랑'이 있습니다. '사랑'은 하나님께 받은 무조건적인 사랑을 이웃에게 흘려보내는 능력입니다. '희락'은 상황을 초월한 내면의 기쁨으로서, 환경에 흔들리지

않는 영적 만족입니다. '화평'은 갈등과 불안의 상황에서도 예수 그리스도를 통해서 누리는 마음의 평안입니다. '인내'는 어려운 환경이 계속 이어지는 상황에서도 신자의 내면이 포기하지 않는 끈기와 믿음의 태도로 채워지는 것을 가리킵니다. '자비'는 타인의 약함과 실수에 대해서 긍휼히 여기고 용서하는 마음입니다. '양선'은 선한 행동으로 실제적으로 다른 이를 돕는 사랑으로 구체화됩니다. '충성'은 하나님과 사람 앞에서 약속을 끝까지 지키는 신실한 성품입니다. '온유'는 다른 이를 겸손하고 부드럽게 대하는 내면과 외면의 태도입니다. '절제'는 욕망과 감정을 조절하는 내면의 균형과 자제력입니다.

이러한 열매들은 신자 개인의 성숙함을 나타내는 지표로서, 교회 공동체 안팎에서 실천적 사랑과 질서를 이루는 토대가 됩니다. 성령의 열매는 하나님 나라 백성의 삶의 방식이며, 성령 충만한 삶의 자연스러운 결과입니다.

함께 나누어요 ❹

성령 충만의 확실한 증거로 성경이 제시하는 것은 무엇인가요?

① 방언과 예언의 빈도수

② 강렬한 체험과 은사적 활동

③ 외적인 종교의식 참여

④ 교회 직분을 충실히 감당하는 것

⑤ 삶 속에서 드러나는 내면적이고 외면적인 열매

5. 어떻게 성령 충만해지는가?(Matter of "How")

성령 충만은 일상에서의 순종과 헌신을 통해서 신자가 누리는 지속적인 상태입니다. 신자는 말씀과 기도와 찬양과 신앙 공동체 생활 속에서 성령의 충만을 경험할 수 있습니다. 어떻게 성령 충만해지는가? 첫째, '하나님 말씀'을 가까이해야 합니다. 시편 기자는 "내가 주께 범죄하지 아니하려 하여 주의 말씀을 내 마음에 두었나이다"라고 고백합니다(시 119:11). 신자가 말씀을 읽고 묵상할 때, 성령께서 그 말씀을 깨닫게 하시고, 마음을 새롭게 하십니다. 말씀은 성령께서 역사하시는 가장 중요한 통로입니다.

둘째, 충실한 '기도 생활'입니다. 누가복음 11장에서 예수님은 "하물며 하늘 아버지께서 구하는 자에게 성령을 주시지 않겠느냐"고 말씀하셨습니다(눅 11:13). 기도는 성령의 임재를 구하는 방편입니다. 특히 나의 연약함을 아뢰면서 기도할 때, 성령께서 능력과 위로로 함께하십니다. 성령께서는 기도하는 신자에게 하나님의 뜻을 분별하는 지혜를 주시며, 내면을 새롭게 하여 담대히 살아가도록 힘을 더해 주십니다.

셋째 '찬양'도 성령 충만을 위한 실제적인 방식입니다. 바울은 에베소서 5장에서 이렇게 말씀합니다. "18 술 취하지 말라 이는 방탕한 것이니 오직 성령으로 충만함을 받으라 19 시와 찬송과 신령한 노래들로 서로 화답하며 너희의 마음으로 주께 노래하며 찬송하며"(엡 5:18-19). 바울이 가르쳐 주듯이 찬양은 성령의 임재를 경험하는 은혜의 수단입니다. 특히 공동체 예배에서 믿음의 지체들과 함께 드리는 찬양이 성도들의 마음을 하나로 묶어 주고, 성령의 역사하심을 더욱 풍성하게 체험하도록 합니다.

넷째, 성령 충만은 '일회적인 체험'이 아니라 '계속되는 삶의 흐름'입니다. 다윗은 시편 51편에서 "주의 구원의 즐거움을 내게 회복시켜 주시고 자원하는 심령을 새롭게 하소서"라고 고백합니다(시 51:12). 신자는 날마다 말씀과 기도와 찬양을 통해서 그 내면을 성령으로 충만케 채워야 합니다. 순간순간 죄를 회개하고 돌이키면서 하나님의 인도하심을 따르는 삶이 성령의 흐름을 막지 않고 유지하는 비결입니다.

다섯째, 성령 충만에 있어서 '공동체 안에서의 나눔'과 '성경 공부를 통한 영적 교제'도 중요합니다. 신앙 공동체에서 성령의 경험을 함께 나누고, 말씀 중심으로 교제를 할 때 그 안에서 성령의 역사와 충만이 유지되고 확장됩니다. 어떻게 성령 충만해지는가? 성령 충만은 특별한 비결이 아닙니다. 일상 속에서 하나님과 동행하는 습관이 성령 충만의 길입니다.

함께 나누어요 ❺

다음 중 성령 충만을 경험하는 기본적이면서 중요한 통로로 제시된 것은 무엇인가요?

① 하나님의 말씀을 가까이하는 것
② 봉사활동에만 집중하는 것
③ 새로운 은사에만 관심을 갖는 것
④ 오직 금식
⑤ 여행을 통해서 영감을 얻는 것

6. 성령 안에서 걷기(Walking in the Holy Spirit)

'성령 안에서 걷기'란 신앙인들이 일상의 모든 순간을 성령님의 인도하심 아래서 살아가는 삶의 태도를 가리킵니다. 이 삶은 신자 안에 거하시는 성령의 능력으로 날마다 변화되어 가는 영적 여정입니다. 성령 안에서 걷는 삶은 교회와 함께 교회 밖의 모든 삶의 현장(직장과 학교와 가정 등)까지를 포괄합니다. 선택과 판단의 순간마다 "주님, 이 일을 어떻게 인도하시겠습니까"라고 기도하면서 성령의 음성에 귀를 기울이고, 그분의 뜻에 순종하려는 태도가 성령 안에서 걷는 삶의 본질입니다.

이런 삶을 살다 보면 신자의 말과 행동은 자연스럽게 성령의 열매들('사랑', '희락', '화평' 등)을 드러내면서(갈 5:22-23), 이웃에게 하나님의 성품을 흘려보내는 삶을 살게 됩니다. 성령님과 더불어 걷는 걸음은 혼자만의 일은 아닙니다. 공동체 안에서 '오늘 나는 어떻게 성령 안에서 걸었는가'를 서로 나누고 격려할 때, 성령과 동행하는 걸음이 더욱 풍성해집니다. '성전 문을 나서는 순간부터 다시 성전에 들어오는 삶의 여정이 하나님과 함께하는 예배의 연장선임을 기억하는 것!' 이것이 성령 안에서 걷는 삶의 핵심입니다.

함께 나누어요 ❻

다음 중 '성령 안에서 걷기'의 올바른 의미는 무엇인가요?

① 교회 예배 중에만 성령님의 임재를 경험하는 것

② 일상의 모든 순간을 성령님의 인도하심 아래 살아가는 삶의 태도

③ 특별히 중요한 행사를 앞둘 때만 성령을 의지하는 것

④ 기분이 좋을 때만 순종하는 것

⑤ 성령의 인도하심보다 자신의 감정과 판단을 우선하는 것

7. 성령 충만과 영적 분별력(Holy Spirit-Filled and Spiritual Discernment)

성령 충만한 삶은 영적인 분별력과 밀접한 상관이 있습니다. 성령 충만은 신자에게 '영적 분별력'을 주시는 성령 하나님의 역사이며, 그분의 뜻을 올바로 분별하면서 살아가도록 돕는 지혜의 열매입니다. 사도 요한은 "영을 다 믿지 말고, 오직 영들이 하나님께 속하였나 시험하라"고 권면합니다(요일 4:1). 이는 성령 충만한 사람이라면, 진리와 거짓과 하나님의 뜻과 세상의 유혹을 분별할 수 있어야 함을 의미합니다. 영적 분별력은 성령의 은사 중 하나로서, 교회 공동체 안에서 진리의 기준을 세우고 오류를 막는 데 중요한 역할을 합니다. 바울도 고린도전서 12장에서 분별의 은사가 공동체의 건강을 지키는 데 필수가 됨을 전하고 있습니다(고전 12:10).

어떻게 영적 분별력이 생기는가? 지속적인 말씀의 훈련과 성령의 인도하심에 순종하는 삶을 살아감으로써 분별력이 생겨나고 자라갑니다. 영적 분별력을 소유하기 위해서는 매일 성경 말씀을 묵상하고 기도로 성령님의 음성에 민감해지는 훈련이 필요합니다. "주의 말씀은 내 발의 등이요 내 길에 빛이니이다"(시 119:105). 이 고백처럼 성령께서는 말씀을 통해서 우리의 선택과 판단을 이끄십니다. 분별력을 잃으면, 신자는 세상의 가치관과 감정과 사람의 말에 동요할 수밖에 없습니다. '영적 분별력을 가지고 성령 충만한 삶을 살아가는 사람들!' 우리 신앙인들입니다.

함께 나누어요 ❼

다음 중 영적 분별력을 갖기 위해서 필요한 훈련으로 옳지 않은 것은 무엇인가요?

① 성경 말씀을 매일 묵상하는 것
② 기도로 성령님의 음성에 민감해지는 것
③ 세상의 가치관을 무비판적으로 수용하는 것
④ 성령의 인도하심에 순종하는 삶
⑤ 진리를 간구하는 기도

8. 성령 충만의 장애물과 극복(Obstacles and Overcoming)

성령 충만한 삶을 방해하는 장애물들은 대부분 우리의 마음의 상태와 삶의 태도와 관련됩니다. 첫째 '내면에 숨겨진 죄악'이 성령 충만을 가로막는 근본적인 장애물입니다. 신자는 정직한 회개와 죄의 고백이 성령의 흐름을 회복하는 첫걸음이 됨을 알아야 합니다. 둘째 '불순종과 완고함'도 성령 하나님의 역사를 제한합니다. 신자는 성령 충만이 나의 생각을 내려놓고 작은 일에 순종하는 태도에서 시작됨을 알아야 합니다. 셋째 '말씀과 기도의 부재'도 신자를 성령의 음성에 둔감하게 만듭니다. 규칙적인 말씀 묵상과 기도 습관을 통해서 영적 민감성을 길러야 합니다. 넷째 '지나칠 정도의 세상적인 유혹과 염려'도 성령의 일하심을 흐리게 합니다. 이것을 극복하려면 삶의 우선순위를 '먼저 그의 나라와 의를 구하는 것'에 두어야 합니다(마 6:33). 다섯째 '성령을 소멸시키는 태도'도 성령 충만의 흐름을 끊습니다. 불평과 원망 그리고 신앙 공동체로부터의 단절은 성령을 소멸케 하는 것으로서(살전 5:19), 신자는 공동체의 중요성을 늘 인식해야 합니다.

성령 충만은 죄의 고백과 순종의 회복, 말씀과 기도의 우선순위 회복, 그리고 공동체 안에서 함께 걷는 동행의 회복을 통해서 이루어집니다. 이렇게 신앙생활의 우선순위와 질서를 재정립할 때, 신자는 날마다 성령의 충만한 은혜 가운데 살아갈 수 있습니다.

함께 나누어요 ❽

불순종과 완고함이 성령의 역사를 제한하는 이유는 무엇인가요?

① 성령 충만은 작은 일에도 순종하는 태도에서 시작되기 때문에

② 성령은 큰일에만 역사하시기 때문에

③ 순종보다 나의 계획이 더 중요하기 때문에

④ 완고함이 사람을 멋지게 보이도록 만들기 때문에

⑤ 불순종이 자연스러운 인간의 본성이기 때문에

함께 나누어요 ❾

성령 충만한 삶을 살아가기 위해서 지금 내가 새롭게 결단하거나 회복해야 할 것이 무엇인지를 생각해 보시기 바랍니다.

성경 공부를 마치며

지금까지 "성령 충만"이라는 주제로 성경 공부를 하였습니다. 성경 공부를 통해서 깨달은 점이나 마음에 남은 은혜나 새롭게 얻은 통찰을 간단하게 적어 보시기 바랍니다. 이 기록이 앞으로 하나님과 함께 걸어갈 믿음의 여정을 새롭게 준비하는 소중한 흔적이 될 것입니다.

예시

성경 공부를 통해서 성령 충만이 일상 속에서 말씀과 기도와 순종을 통해서 지속적으로 살아가야 하는 삶의 상태임을 깊이 깨달았습니다. 특히 성령의 열매가 내 삶 가운데서 드러나야 한다는 가르침 앞에서 나 자신을 돌아보면서, 더 성숙한 신앙의 열매를 맺겠다는 다짐을 하게 되었습니다. 이제 성령님과 동행하는 삶을 의식적으로 선택하면서 살아가려고 순간순간 노력하겠습니다.

성경 공부를 통해서 얻은 통찰 메모하기

1부

거듭난 신앙인의 삶

3과. 영적 전쟁

1. 영적 전쟁이 무엇인가?
2. 영적 전쟁에 임할 때의 신자의 태도
3. 영적 전쟁을 치르기 위한 훈련
4. 영적 전쟁과 '기도'의 관계
5. 영적 전쟁과 '말씀'의 관계
6. 영적 전쟁에서 승리의 확신
7. 영적 전쟁 기록 노트

3과. 영적 전쟁

학습 포인트

1. 신자의 삶에 실재하는 영적 전쟁의 본질을 인식하게 한다.
2. 하나님의 전신 갑주로 무장하는 영적 준비의 중요성을 배운다.
3. 말씀과 기도를 통해 영적 싸움에서 승리하는 태도를 익히게 한다.
4. 영적 전쟁의 승리가 하나님의 말씀을 신뢰할 때 가능함을 알게 한다.

이 땅에서의 신자의 신앙 여정이 평화의 여정만은 아닙니다. 성경은 신자의 여정을 보이지 않는 영적 전쟁의 한복판에 놓여 있는 싸움이라고 소개합니다. 이 전쟁은 육체의 무기가 아니라, 진리와 믿음과 말씀과 기도를 지닌 채 싸워야 하는 영적 전쟁입니다. 이 전쟁은 보이지 않는 영역에서 벌어집니다. 이 전쟁을 무방비 상태로는 치를 수 없기에, 신자는 깨어 있는 태도와 영적 훈련으로 준비되어야 합니다. 이 전쟁에서 승리하기 위해서는 하나님의 말씀에 깊이 뿌리를 내리고, 기도를 하면서 하나님의 능력을 구해야 합니다. 영적 전쟁은 단회적이지 않고 삶의 순간마다 이어지는 실제적 사건입니다.

1. 영적 전쟁이 무엇인가?(Spiritual Warfare)

신자에게 영적 전쟁은 삶의 자리에서 발생하는 여러 사건들('갈등의 순간들', '충돌의 순간들', '유혹의 순간들' 등)과 관련됩니다. 예수님은 "너희가 세상에서는 환난을 당하나 담대하라 내가 세상을 이기었노라"라고 하시면서 (요 16:33), 신자에게 이러한 순간들이 피할 수 없는 현실임을 친히 확증하셨습니다. 신자는 이 전쟁이 사람을 대상으로 하는 것이 아니라, 사탄과 그의 권세를 대상으로 치르는 전쟁인 것을 인식해야 합니다.

영적 전쟁은 신자의 내면과 외면을 포괄합니다. 한편으로는 죄와 싸우는 내면의 전쟁이고, 또 한편으로는 세상의 왜곡된 가치와 사탄의 거짓말에 맞서는 외적 전쟁입니다. 이 싸움은 신자의 믿음 여정 내내 계속되는 장기적인 싸움입니다. 믿지 않는 자는 이 싸움에 무방비 상태로 노출되어 있지만, 신자는 하나님께서 주시는 강력한 무기를 가지고, 즉 '성령의 검'을 가지고 이 전쟁을 치를 수 있습니다(엡 6:17). 이때 신자에게 하나님의 말씀이 강력한 무기가 됩니다.

영적 전쟁의 실재를 인식할 때 비로소 신자의 영은 깨어나기 시작하며, 적의 간계와 미혹을 분별할 수 있는 눈이 열리게 됩니다. 영적 전쟁의 실재를 부정하게 되면, 그 신앙은 쉽게 무너질 수밖에 없습니다. 영적 전쟁은 거듭난 신자들 모두가 참여하게 되는 역동적인 현실로서, 하나님 나라 백성의 삶과 구체적으로 연결됩니다.

함께 나누어요 ❶

최근에 겪었던 일들 중에서 '이것은 단순한 상황이 아니라 영적 전쟁이다' 라고 느낀 순간이 있나요?

① 말씀을 묵상하다가 회개해야겠다는 마음이 강하게 다가왔을 때
② 사소한 거짓말을 했는데, 마음이 불편해지고 양심의 가책이 밀려올 때
③ 직장에서 진리와 거짓 사이에서 선택을 강요받는 상황에 처했을 때
④ 기도하려고 하는데, 집중이 안 되고 마음이 산만해질 때
⑤ 주변 사람들이 죄를 대수롭지 않게 여기는 분위기를 당연하게 받아들일 때

2. 영적 전쟁에 임할 때의 신자의 태도(Believer's Attitude)

영적 전쟁에 임하기 위해서 신자는 하나님의 전신 갑주를 입어야 합니다.

바울은 에베소서 6장에서 '하나님의 전신 갑주를 입으라'고 권하면서, 진리의 허리띠와 의의 흉배와 복음의 신발과 믿음의 방패와 구원의 투구와 성령의 검을 갖출 것을 권고합니다(엡 6:13-17). 이 전신 갑주는 신자가 갖춰야 할 내면의 태도와 진리로 무장된 삶의 방식을 가리킵니다.

첫째로 신자는 영적 전쟁의 실재가 무엇인지를 명확하게 인식해야 합니다. 바울은 "우리의 씨름은 혈과 육에 대한 것이 아니요 정사와 권세와 이 어두움의 세상 주관자들과 하늘에 있는 악의 영들에게 대함이라"고 말씀합니다(엡 6:12). 영적 전쟁은 단순한 감정싸움이나 인간관계의 갈등이 아니라, 보이지 않는 영적 세력과의 실제적인 대결입니다. 이것을 깨달을 때 신자는 상황을 영적으로 해석하면서, 하나님의 관점에서 전략을 세우게 됩니다.

둘째로 신자는 기도하는 전사로서 늘 깨어 있어야 합니다. 영적 전쟁은 성령님의 인도와 보호 없이는 임할 수 없습니다. 기도는 영적 전쟁 중의 무선 통신이며 영적 호흡입니다.

셋째로 담대함과 확신을 가져야 합니다. 예수님은 "세상에서는 환난을 당하나 담대하라 내가 세상을 이기었노라"고 말씀하시면서(요 16:33), 승리의 확신을 가지고 전쟁에 임할 것을 명확하게 가르치셨습니다.

넷째로 겸손히 하나님께 복종하면서 마귀를 대적하는 태도가 필요합니다. 사도 야고보는 야고보서 4장에서 "하나님께 복종하라 그리하면 마귀를 대적하라 그리하면 너희를 피하리라"고 말씀합니다(약 4:7). 이것은 자기 의지를 앞세우지 않고, 온전히 하나님의 뜻에 순종하는 태도를 가져야 함을 가리킵니다.

다섯째로 영적 분별력을 갖추어야 합니다. 요한일서 4장 1절은 "영들을 다 믿지 말고 시험하라"고 말씀하면서, 어떤 영이 어떻게 역사하는지를 분별할 수 있는 영적 눈을 길러야 함을 말씀합니다.

여섯째로 신자는 성령의 능력을 의지하면서 전쟁에 임해야 합니다. 바울은 "예수를 죽은 자 가운데서 살리신 이의 영이 너희 안에 거하신다"고 말씀합니다(롬 8:11). 궁극적인 전쟁의 승리는 신자의 실력과 열심에 있지 않습니다. 신자들 안에 계신 성령님의 능력에 승리가 달려 있습니다.

마지막으로 기쁨과 감사의 고백입니다. 바울은 "주 안에서 항상 기뻐하라" 고 말씀하면서(빌 4:4), 영적 전쟁 중에서도 기쁨을 선택하는 태도가 절망과 두려움을 넘어서는 무기가 되며, 감사의 고백이 믿음의 군사를 끝까지 서 있게 하는 힘이 됨을 말씀하고 있습니다.

함께 나누어요 ❷

영적 전쟁에 임할 때, 나에게 어떤 태도가 필요할까요?

① 기도 시간을 확보하면서 영적으로 깨어 있는 습관
② 사람과의 갈등을 넘어 보이지 않는 세력과의 싸움임을 인식하는 것
③ 하나님께 복종하며 나의 의지를 내려놓는 태도
④ 승리를 주시는 하나님을 믿으면서 진지하게 나아가는 마음
⑤ 주어진 상황을 영적으로 해석하고 전략을 세우는 시각

3. 영적 전쟁을 치르기 위한 훈련(Training)

영적 전쟁을 치르기 위해서 신자에게 다음의 몇 가지 훈련이 필요합니다. 첫째 '말씀 묵상'과 '암송 훈련'입니다. 이 훈련은 가장 기본적인 무기인 '성령의 검'을 다듬는 훈련입니다. 말씀을 마음에 품고 기억하는 훈련은 영적 전쟁을 치르는 중에 정확한 반격을 가능하게 합니다. "내가 주께 범죄하지 아니하려 하여 주의 말씀을 내 마음에 두었나이다"(시 119:11).

둘째 '금식 훈련'입니다. 이 훈련은 영적 민감성을 깨워서 분별하면서 성령의 세밀한 음성을 듣게 만듭니다. 신자는 금식하면서 조용히 기도하는 중에 사탄의 간계를 파악하는 영적 레이더를 구비하게 됩니다.

셋째로 '공동체 훈련'을 통해서 함께 무장하는 법을 배워야 합니다. 소그룹과 제자훈련 모임은 서로의 전신 갑주를 점검하고 연합의 힘으로 승리를 도모하는 실제 훈련장입니다. 고립된 전사는 쉽게 쓰러지지만, 연대된 공동체는 지속적이고 균형 잡힌 싸움을 가능케 합니다.

넷째로 '자기 절제'와 '경건 훈련'입니다. 이 훈련은 사탄의 유혹을 무력화하는 내적 단련 훈련입니다. 육체의 충동을 제어하고 하나님의 뜻에 일치된 삶을 훈련할 때 참된 군사로 전쟁에 임할 수 있습니다.

다섯째, '선한 행실'과 '섬김의 훈련'입니다. 이 훈련도 신뢰받는 영적 군사로 세워지는 실전 훈련입니다. '부끄러움이 없는 일꾼'이 되려면(딤후 2:15), 싸움의 현장에서 복음의 열매를 맺도록 하는 실제적인 훈련이 필요합니다.

여섯째, 담대하게 '전도의 사역'을 훈련하는 것도 필수입니다. "종들을 담대하게 하여 복음을 전하게 하옵소서"를 외쳤던 사도들의 기도처럼(행 4:29), 복음을 들고 나아가는 행동 자체가 영적 싸움의 최전선에 서는 무기가 됩니다. 효율적으로 지혜롭게 반복되는 전도와 간증은 민첩함과 두려움 없는 태도를 지니게 합니다.

함께 나누어요 ❸

영적 전쟁을 위한 '말씀 묵상과 암송 훈련'의 핵심 목적이 어디에 있나요?

① 성경의 내용을 잘 설명하기 위해서
② 기독교 교리를 잘 정리하기 위해서
③ 사탄의 공격에 정확하게 반격하기 위해서
④ 성경 퀴즈 대회에서 우승하기 위해서
⑤ 다른 사람과 대화할 때 말씀을 많이 인용하기 위해서

4. 영적 전쟁과 '기도'의 관계(Spiritual Warfare and Prayer)

영적 전쟁에서 기도는 선택이 아니라 필수이자 생명선입니다. 성경 전체는 영적 전쟁을 위해서 기도가 필수임을 반복해서 강조합니다. 첫째로 영적 전쟁을 치르는 데 있어서 신자에게 '지속적인 기도'가 요구됩니다. 신자는 지속적인 기도를 통해서 사탄의 전략을 파악하는 힘을 기르게 됩니다.

둘째로 영적 전쟁을 치르기 위해서 신자에게 '깨어 있는 기도'가 요구됩니다. 신자는 깨어 기도하는 중에 하나님의 뜻을 깨닫게 됩니다. 깨달음 없이는 영적 전쟁에서 승리할 수 없습니다.

셋째로 영적 전쟁을 치르기 위해서 신자에게 '중보기도'가 요구됩니다. 중보기도는 개인의 무기를 넘어서 공동체 전체의 전투력을 높이는 협동 훈련입니다. 교회가 연합하여 드리는 중보기도는 전우애를 품고 함께 싸우는 군대의 모습과도 같습니다.

넷째로 영적 전쟁을 치르기 위해서 신자에게 '감사와 찬양의 기도'가 요구됩니다. 감사와 찬양의 기도는 두려움과 염려를 몰아내는 영적 방패로서, 신자의 시선을 상황에서 벗어나게 하면서 하나님께 고정시키는 능력입니다(빌 4:6-7).

마지막으로 영적 전쟁을 치르기 위해서 신자에게 '규칙적인 기도'가 요구됩니다. 날마다 드리는 기도 가운데 신자는 실제로 악의 세력을 이기는 하나님의 능력을 경험하게 될 수 있습니다.

함께 나누어요 ❹

다음 중 영적 전쟁에서 사탄의 전략을 분별하는 힘을 길러주는 기도의 형태가 무엇인가요?

① 깨어 있는 기도

② 규칙적인 기도
③ 감사와 찬양의 기도
④ 지속적인 기도
⑤ 중보기도

5. 영적 전쟁과 '말씀'의 관계(Spiritual Warfare and the 'Word')

영적 전쟁을 치르는 신자에게 하나님의 말씀은 가장 본질적인 무기입니다. 말씀은 영적 전투에서 사탄의 거짓과 왜곡을 꿰뚫는 진리의 칼이며, 그 전투에서 신자가 능동적으로 사용하는 무기입니다(히 4:12). 말씀에 거하는 신자는 참된 진리를 알게 되는데, 이 진리가 그에게 자유함과 담대함을 가지고 영적 전쟁에 임하도록 해 줍니다. "31 그러므로 예수께서 자기를 믿은 유대인들에게 이르시되 너희가 내 말에 거하면 참으로 내 제자가 되고 32 진리를 알지니 진리가 너희를 자유롭게 하리라"(요 8:31-32).

또한 말씀은 영혼을 새롭게 하고 회복시키는 치유의 능력도 지니고 있습니다. 시편 기자는 "주의 말씀대로 나를 소생시키소서"라고 고백하면서(시 119:25), 말씀 안에 있는 회복의 힘을 증언합니다. 말씀을 통한 새롭게 됨과 치유는 신앙인들로 하여금 힘차게 영적 전쟁에 임하게 하는 본질적인 힘이 됩니다.

말씀 묵상과 설교에 집중하는 지속적인 영적 훈련은 신자에게 매일의 영적 전투에서 분별력을 유지하고, 실천의 지혜를 얻게 하며, 사탄의 공격 앞에서 흔들리지 않는 영적 민감성과 내적 파워를 갖추게 합니다. 말씀으로 무장하는 삶이 영적 전쟁의 승리를 준비하는 삶입니다. 말씀의 진리 위에 서는 신자는 영적 전쟁에서 넘어지지 않습니다.

함께 나누어요 ❺

다음 중 말씀의 진리 위에 서는 신자의 영적 전쟁의 특징은 무엇인가요?

① 고난이 사라진다.

② 영적 민감성을 항상 유지한다.

③ 대인관계가 좋아진다.

④ 종종 비틀거리지만 넘어지지는 않는다.

⑤ 세상에서 인정받는다.

6. 영적 전쟁에서 승리의 확신(Assurance of Victory)

신자는 하나님께서 영적 전쟁을 승리로 이끄시는 분이심을 신뢰해야 합니다. 이 신뢰는 하나님의 약속의 말씀에 근거합니다. 하나님은 신자들에게 영적 전쟁의 승리의 확신에 대해서 다음의 말씀들을 약속으로 주셨습니다.

첫째, 마태복음 28장 18-20절입니다. "18 예수께서 나아와 말씀하여 이르시되 하늘과 땅의 모든 권세를 내게 주셨으니 19 그러므로 너희는 가서 모든 민족을 제자로 삼아 아버지와 아들과 성령의 이름으로 세례를 베풀고 20 내가 너희에게 분부한 모든 것을 가르쳐 지키게 하라 볼지어다 내가 세상 끝날까지 너희와 항상 함께 있으리라 하시니라". 예수님은 하늘과 땅의 모든 권세를 가지신 주님으로서, 우리에게 그 권세를 위임하시면서 세상 가운데로 보내셨습니다. 이 권세가 신자가 두려움 없이 영적 전쟁에 임할 수 있는 담대함의 근거입니다.

둘째, 로마서 8장 37절입니다. "그러나 이 모든 일에 우리를 사랑하시는 이로 말미암아 우리가 넉넉히 이기느니라". 바울의 선언처럼, 영적 전쟁의 승리는 신자의 능력이 아니라 신자를 아끼시는 하나님의 사랑에서 비롯됩니다.

셋째, 고린도전서 15장 57절입니다. "우리 주 예수 그리스도로 말미암아 우리에게 승리를 주시는 하나님께 감사하노니". 바울의 고백처럼, 영적 전쟁의 승리는 이미 신자에게 보장된 약속입니다. 신자는 승리를 주시는 분이 하나님이신 것을 늘 유념해야 합니다.

넷째, 빌립보서 1장 6절입니다. "너희 안에서 착한 일을 시작하신 이가 그리스도 예수의 날까지 이루실 줄을 우리는 확신하노라". 바울이 신자의 영적 전쟁이 하나님의 주권 아래서 궁극적 승리를 향해서 진행되고 있음을 얘기하고 있습니다. 신자의 영적 전쟁은 승리로 귀결될 수밖에 없습니다.

다섯째, 요한일서 4장 4절입니다. "자녀들아 너희는 하나님께 속하였고 또 그들을 이기었나니 이는 너희 안에 계신 이가 세상에 있는 자보다 크심이라". 사도 요한의 선언처럼, 성령께서 신자들 안에 내주하십니다. 내주하시면서 신자의 영적 전쟁을 이끌어 가십니다. 내주하시는 성령님으로 인해서 신자의 영적 전쟁은 승리로 끝날 수밖에 없습니다.

여섯째, 요한복음 10장 28절입니다. "내가 그들에게 영생을 주노니 영원히 멸망하지 아니할 것이요 또 그들을 내 손에서 빼앗을 자가 없느니라". 요한의 선언처럼, 신자는 영적 전투를 치르는 중에도 영생의 안전 안에 거하고 있습니다. 하나님께서 약속으로 주신 영생이 신앙인들로 하여금 영적 전쟁의 승리를 확신케 합니다.

함께 나누어요 ❻

신자가 영적 전쟁에 두려움 없이 담대히 임할 수 있는 근거가 어디에 있나요?

① 자신의 열심과 경험에 있다.
② 교회의 규모와 넉넉한 재정에 있다.
③ 세상의 지혜와 전략에 있다.
④ 예수 그리스도께서 주신 하늘과 땅의 모든 권세에 있다.
⑤ 다른 신앙인들의 칭찬과 인정에 있다.

7. 영적 전쟁 기록 노트(Spiritual Warfare Journal)

노트에 영적 전쟁을 기록하는 습관을 기르면, 실전에서 큰 도움이 됩니다. 작성할 때는 날짜와 시간, 그날 마주한 영적 전투의 상황을 구체적으로 적습니다. 그날 겪은 유혹이나 두려움이나 의심 등, 다양한 영적 공격 형태를 간단하게 분류하여 기록합니다. 그 전투를 치르는 중에 붙들었던 하나님의 약속의 말씀이나 기도 내용을 함께 메모하면 하나님의 임재를 확인할 수 있습니다.

노트에 기도 중에 성령께서 깨우쳐 주신 생각과 감정도 솔직하게 적습니다. 승리의 경험이나 감사의 응답을 구체적인 사례와 함께 기록해 두면, 이것이 신앙의 자산이 됩니다. 실패했거나 여전히 어려운 부분이 있어도 숨기지 않아야 합니다. 하루에 한 번 노트를 펼쳐서 읽으면서 하나님의 은혜를 마음에 새기시기 바랍니다.

한 주가 끝날 때마다 노트를 보면서 패턴과 성장 과정을 점검하고, 새롭게 필요한 영적 훈련을 다시금 계획합니다. 노트를 훑어보는 중에 발견한 교훈과 결단 사항을 실천 목표로 구체화하여 기록해 두면 행동으로 옮기는 데에 도움이 됩니다. 꾸준한 기록 습관은 하나님의 인도하심을 분별하는 도구이자 영적 전투에서 승리를 확인하는 귀한 지표가 됩니다.

함께 나누어요 ❼

영적 전쟁을 기록한 노트를 주기적으로 되돌아보아야 하는 이유가 무엇인가요?

① 나의 성장 과정을 점검하고 새로운 영적 훈련을 계획하기 위해서
② 글쓰기 실력을 늘리기 위해서
③ 교회 도서관에 제출하기 위해서
④ SNS에 올려서 다른 사람이 보도록 하기 위해서
⑤ 노트를 다 채워내는 성취감을 느끼기 위해서

함께 나누어요 ❽

앞으로의 신앙 여정 가운데 경험하게 될 여러 영적 전쟁에서 승리하기 위해서 내가 지금 새롭게 결단해야 하는 한 가지는 무엇인가요?

성경 공부를 마치며

지금까지 "영적 전쟁"이라는 주제로 성경 공부를 하였습니다. 성경 공부를 통해서 깨달은 점이나 마음에 남은 은혜나 새롭게 얻은 통찰을 간단하게 적어 보시기 바랍니다. 이 기록이 앞으로 하나님과 함께 걸어갈 믿음의 여정을 새롭게 준비하는 소중한 흔적이 될 것입니다.

예시

영적 전쟁이 나의 실제 삶 속에서 끊임없이 벌어지는 현실임을 깨달았습니다. 말씀과 기도와 성령의 능력으로 무장하는 훈련이 절실하다는 것을 알게 되었고, 나의 일상에서 깨어 준비하는 삶을 살아가야겠다는 결단도 하게 되었습니다. 앞으로는 모든 상황을 하나님의 시선으로 분별하고, 승리를 주시는 주님을 신뢰하면서 신실하게 살아가고 싶습니다.

성경 공부를 통해서 얻은 통찰 메모하기

2부

신앙
공동체

4과. 교회 ①

1. 초대교회의 탄생 배경
2. 초대교회가 힘쓴 일들
3. 현대교회가 처한 현실
4. 교회의 지역사회 섬김
5. 지역사회 섬김을 위한 네트워크 구축
6. 현대교회의 사역의 실제들
7. 청지기 훈련
8. 복음 전도
9. 성도들의 비전 공유

4과. 교회 ①

학습 포인트

1. 초대교회의 말씀 중심 사역을 통해 교회의 본질이 무엇인지를 배운다.
2. 현대의 교회들이 상황에 맞는 대응을 공동체적으로 지혜롭게 해야함을 알게 한다.
3. 지역사회를 향한 교회의 구체적 섬김의 방식에 무엇이 있는지를 살펴본다.
4. 비전 공유와 청지기 훈련이 교회 사역에 필수적임을 이해토록 한다.

교회는 단순히 사람들이 모이는 건물이 아니고, 하나님께서 세우신 공동체로서 분명한 사명을 가진 살아 있는 유기체입니다. 초대교회는 수많은 현대의 교회들의 모체가 됩니다. 초대교회는 성령의 역사 가운데 태동되었으며, 말씀과 기도와 교제와 섬김에 힘쓰면서 복음 전파의 중심이 되었습니다. 오늘날의 교회는 복잡하고 다변화된 사회 속에서 새로운 도전과 사역의 확장을 경험하고 있습니다. 이러한 변화의 시대 속에서 현대의 교회는 초대교회의 정신을 계승하면서, 그 섬김의 지평을 넓혀가야 합니다. 성도들을 훈련시키고, 지역사회와 연결되며, 네트워크 구축을 통해서 섬김의 지평을 넓혀가야 합니다. 그 중심에 모든 성도가 하나님께서 주신 비전을 함께 나누면서, 교회의 사명을 함께 감당해 가는 '공동체적 책임'이 자리 잡고 있습니다.

1. 초대교회의 탄생 배경(Background of Birth)

교회를 얘기하려면, 현대교회의 모체가 되는 초대교회(예루살렘교회)의 탄생 배경부터 살펴봐야 합니다. 사도행전 2장과 6장에 보면, 초대교회의 탄생이 성령의 강림과 공동체적 돌봄 가운데 이루어졌음을 알 수 있습니다. 오순절에 제자들이 성령 충만을 받아 방언으로 말하기 시작함으로써 전

세계인에게 복음이 전파될 기반이 마련되었습니다. "그들이 다 성령의 충만함을 받고 성령이 말하게 하심을 따라 다른 언어들로 말하기를 시작하니라"(행 2:4). 이 사건을 통해서 세례를 받은 이들이 하루에 삼천 명 이상 더해지며 초대교회가 빠르게 성장했습니다(행 2:41). 초대교회의 성도들은 사도의 가르침과 교제와 기도에 힘쓰는 삶을 통해서 영적 토대를 다졌습니다(행 2:42). 나아가서 재산을 팔아 나눔을 실천함으로써 물질적 필요까지 서로 채워 주는 '한 몸' 공동체의 모습까지 나타났습니다(행 2:44-45).

그런데 신자들이 많아지면서 헬라파 유대인들의 과부들이 일상적 양식 배분에서 소외되는 문제가 생겨납니다(행 6:1). 문제를 해결하고자 사도들은 일곱 사람을 추천하여 집사 직분을 세우고 사역을 분담하면서, 자신들은 기도와 말씀 사역에 전념했습니다(행 6:3-6). 이 결정은 교회 운영의 투명성과 돌봄 사역의 전문성을 확보하는 제도적 장치가 되었습니다. 집사들이 맡은 봉사는 초대교회의 건전한 성장을 돕는데 중요하게 기능했습니다. '성령의 역사'와 '성도의 헌신', 그리고 '조직적인 돌봄 시스템'이 합쳐지면서 오늘날에도 본받을 만한 초대교회 공동체가 시작되었습니다.

함께 나누어요 ❶

다음 중 오순절 성령 강림 사건의 직접적인 결과로 나타난 것은 무엇인가요?

① 제자들이 방언으로 말하며 복음 전파의 기반이 마련됨
② 모든 제자가 예루살렘을 떠남
③ 사도들이 새로운 율법을 제정함
④ 예루살렘 성전이 확장됨
⑤ 바울이 사도로 부르심을 받음

2. 초대교회가 힘쓴 일들(Devotions)

초대교회('예루살렘교회')의 사도들은 기도와 말씀 사역에 전념하면서, 교회 내 구제의 불균형 문제를 해소하기 위해서 집사들을 세웠습니다. 이후에 사도들은 복음 전파와 제자교육에 더욱 집중할 수 있었습니다(행 6:2-4). 이 제도적 정비로 인해서 사도들은 유대 전역과 주변 지역에 복음을 담대히 전하며, 말씀을 가르치는 데 전력을 다할 수 있었습니다.

또 하나의 초대교회인 안디옥교회도 예루살렘교회와 유사한 모습을 보입니다. 안디옥교회도 바나바와 바울을 통해서 교육을 받으면서, 선교사들을 선교지로 파송했습니다(행 13:1-3). 비시디아 안디옥에서 바나바와 사울은 회당에서 복음을 전하고, 유대인과 이방인 모두에게 예수 그리스도의 구원 메시지를 전했습니다(행 13:14-16). 그들은 복음 설교가 끝난 후에 '제자훈련 세미나'를 열어서 예수님의 삶과 가르침을 구체적으로 나누며, 신자들이 신앙의 기초를 다지도록 도왔습니다.

예루살렘교회와 안디옥 교회 모두 '말씀 사역'에 중점에 두고, '가르침'과 '훈련'을 통해서 성도들이 스스로 복음을 삶으로 증거하도록 훈련했습니다. 이러한 초대교회들의 사역 모델은 오늘날 교회가 '사역 분담'과 '제자 양육'에 균형을 맞추는 데 귀중한 본보기가 됩니다. 복음 전파와 제자훈련이 함께 이루어질 때, 교회는 세상을 변화시키는 영적 운동체로 성장합니다. 초대교회의 이 두 가지 핵심 사역을 본받아서, 현대의 교회들도 말씀과 훈련을 통해서 성도의 영적 성숙과 복음 확산에 힘을 더할 수 있습니다.

함께 나누어요 ❷

오늘날의 교회가 초대교회 사역 모델에서 배울 수 있는 핵심 교훈은 무엇인가요?

① 복음 전파보다 내적 화합이 우선이다.
② 교회의 규모를 줄이면 더 건강해진다.
③ 모든 사역을 한 사람이 주도해야 한다.
④ 사역 분담과 제자 양육의 균형이 교회의 성장을 이끈다.
⑤ 훈련보다 봉사활동이 더 중요하다.

3. 현대교회가 처한 현실(Reality of Contemporary Church)

오늘날 현대교회가 처한 현실과 초대교회가 처했던 현실은 많이 다릅니다. 상황이 달라진 만큼, 현대의 한국교회도 해야 할 일들이 달라질 수밖에 없습니다. 이유는 교회의 사명이 '상황'과 관련이 있기 때문입니다.

오늘날 한국교회는 급격한 세속화와 개인주의의 확산 속에서 신앙의 공동체적 의미가 약화되는 도전에 직면해 있습니다. 성도들의 고령화 현상과 청년들의 이탈 현상에 직면해서, 교회는 세대 간 소통과 세대별 맞춤형 양육 전략에 힘을 쏟아야 합니다. 또한 정보의 홍수와 디지털 문화도 성경 말씀에 대한 깊이 있는 묵상과 토론의 자리를 축소시키고 있습니다. 교회는 이러한 여러 문제들에 관심을 기울여야 합니다.

현대의 교회들은 사람들의 정신건강 문제와 외로움이 증가하는 현실에도 관심을 갖고 돌아봐야 합니다. 또한 물질주의적 가치관의 확산으로 인해서 개인주의가 만연하는 시대 풍조 속에서 새롭게 성도들의 헌신과 청지기 의식을 어떻게 고취시킬 수 있을지에 대해서도 관심을 가져야 합니다. 빠르게 변화하는 여러 사회 문제들('환경'과 '빈곤'과 '다문화 사회' 등)에 대해서 책임감 있는 목소리를 내는 것도 교회의 몫입니다.

이러한 복잡한 상황에서 이 시대의 한국교회는 시대 상황이 어떤지를 정확하게 진단하면서, 말씀에 기반해서 공동체적 대응 전략을 효율적으로 세워야 합니다.

함께 나누어요 ❸

이 시대에 한국교회가 시대 상황에 맞는 대응 전략을 세울 때 반드시 기반이 되어야 하는 것은 무엇인가요?

① 언론 홍보

② 정치적 영향력

③ 말씀에 기반을 둔 공동체적 전략
④ 재정적 여유
⑤ 유명 강사를 초청해서 연설을 듣는 것

4. 교회의 지역사회 섬김(Serving the Community)

교회는 예수님께서 "내가 주릴 때 너희가 먹을 것을 주었다"라고 말씀하신 것처럼(마 25:35-36), 지역 주민들의 기본적 필요('식사', '의복', '주거', '관계' 등)를 돌보는 사역을 감당해야 합니다. 정기적인 무료 급식과 푸드뱅크 운영을 통해서 교회는 이웃의 허기를 채우고 사랑을 나누는 현장이 될 수 있습니다.

방과 후 학습지도나 영어 교실이나 컴퓨터 교실을 열고 어린이와 청소년에게 교육 기회를 제공함으로써 사회적 격차 해소에 기여할 수 있습니다. 이러한 사역은 단순한 학습 기회를 넘어서, 다음 세대가 자신의 잠재력을 발견하고 하나님이 주신 재능을 개발하도록 도움을 줄 수 있습니다. 교육을 통해 세워진 아이들은 미래 사회와 교회에서 건강한 리더로 성장하게 됩니다.

노인 돌봄과 말벗 사역을 통해서 홀로 외로이 사는 어르신들에게 정서적인 안식과 공동체의 따뜻함을 전할 수 있습니다. 정기적인 방문과 식사 지원과 병원 동행 같은 실질적 섬김을 통해서 어르신의 존엄을 세워 드리면서 따뜻한 위로를 전할 수 있습니다. 더불어 세대 간 교제를 촉진하여 어르신의 지혜와 신앙의 유산이 다음 세대에 전수되며, 교회와 지역사회가 함께 건강해집니다.

지역 복지관이나 재활센터와 협력하여 장애인과 취약 계층을 위한 프로그램('직업 훈련', '심리 상담' 등)을 함께 기획하고 운영할 수 있습니다. 이러한 협력은 하나님의 형상대로 지음을 받은 모든 이들이 존엄과 자립을 회복하도록 돕는 통로가 됩니다. 이를 통해 교회는 지역사회 안에서 사랑과 정의를 실천하는 살아 있는 복음의 증인이 됩니다.

정기적인 환경 정화 운동이나 공원 가꾸기 같은 '그린 미션'을 통해서, 창조 세계 보전의 가치를 지역사회에 알릴 수 있습니다. 이러한 사역은 창조 세계를 돌보는 신앙의 실천이 돼서, 지역 주민들에게 복음의 따뜻한 향기를 전하는 기회가 됩니다. 더불어 다음 세대가 창조 세계 보전을 신앙의 책임으로 인식하도록 교육하는 장이 됩니다.

문화 예술 행사들('작은 음악회', '전시회' 등)을 교회에서 개최해서 지역 주민과 교류하며, 복음의 이야기를 자연스럽게 나눌 기회를 만드는 것도 필요합니다. 이러한 행사는 신앙과 예술이 조화를 이루어서 사람들의 마음에 복음의 메시지가 은혜롭게 스며들도록 돕는 장이 됩니다. 더불어 지역사회 속에서 교회가 열린 소통과 문화 나눔의 현장이 되게 합니다.

이러한 다양한 섬김 사역들을 통해서 교회는 지역사회 속에서 그리스도의 사랑을 드러내는 '삶의 교회'로 세워지게 됩니다.

함께 나누어요 ❹

교회의 지역사회 섬김이 지향하는 최종적인 목적은 무엇입니까?

① 예배 출석률을 높이고 헌금의 사용을 확대하기 위해서
② 지역 주민의 필요를 돌보며 복음의 따뜻한 향기를 전하기 위해서
③ 지역사회 속에서 그리스도의 사랑을 실천하는 '삶의 교회'로 세워지기 위해서
④ 교회를 문화 예술 중심지로 바꾸기 위해서
⑤ 모든 세대와 계층이 하나님 나라의 공동체 안에서 존엄과 자립을 누리게 하기 위해서

5. 지역사회 섬김을 위한 네트워크 구축(Building Networks)

지역사회 섬김을 위한 네트워크 구축이란 교회가 각 지체들의 은사와 자원을 연결해서 이웃을 효율적으로 섬길 수 있도록 교회 안팎의 시스템을 조직화하는 것을 가리킵니다. 예를 들면 교회 내 '지역사회 섬김 코디네이터 팀'을 구성해서 지역의 복지관이나 학교나 청소년센터 등과 정기적인 협약을 맺고 자원봉사 일정을 조율할 수 있습니다.

소그룹 또는 사역 부서별로 담당 지역을 지정하고 각 지역의 필요를 조사함으로써, 교인들이 체계적으로 지역사회 섬김에 참여할 수 있도록 매뉴얼을 제공합니다.

재능 기부('음악', '법률', '의료' 등)와 물품 기부('의류 물품', '생필품' 등)를 통합 관리하는 '자원 데이터베이스'를 구축해서 물품의 사용이 효율적으로 이루어지게 할 수 있습니다.

섬김을 다양하게 펼쳐내는 과정에서 정기적인 네트워크 모임을 가지면서 사역 현황과 사례를 공유합니다. 공유하면서 기도 제목과 개선 과제를 교회의 전체 성도들과 함께 나눕니다.

교회 홈페이지나 카카오톡 채널에 '지역사회 섬김 네트워크' 메뉴를 만들어서, 봉사 신청과 봉사 보고, 그리고 후속 섬김 요청을 온라인으로 빠르게 처리하고 관리할 수 있습니다.

또한 교회 연합 및 타 교회와의 파트너십을 통해서, 여러 사역을 감당하는데 있어서 상호 지원과 인력 교류의 지속성을 확보할 수 있습니다.

이러한 네트워크 구축은 단발성의 섬김을 넘어서, 교회가 지역사회 속에서 '지속적인 사랑과 섬김의 플랫폼'이 되도록 하는 핵심 전략입니다.

함께 나누어요 ❺

지역사회 섬김에 있어서 네트워크를 구축하는 핵심 목적이 무엇인가요?

① 단발성의 봉사만으로는 교회의 이미지를 개선하지 못하기 위해서
② 성도들이 개인적으로 선행을 실천하도록 격려하기 위해서
③ 지역사회와 지속적인 관계를 형성하고 신뢰를 쌓기 위해서
④ 교회 안팎의 자원을 유기적으로 연결함으로써 체계적인 섬김을 가능케 하기 위해서
⑤ 봉사자들의 수고를 최소화하고 교회 중심의 사역 구조를 강화하기 위해서

6. 현대교회의 사역의 실제들(Practical Realities of Ministry)

급변하는 디지털 문화 속에서 교회는 온라인 사역과 소셜 미디어 사역을 보강해야 합니다. 그렇지 않으면 수많은 이들이 복음을 접할 기회를 놓치게 됩니다.

다문화 가정과 이주민 인구가 늘어가는 한국 사회에서, 다양한 언어와 문화권을 아우르는 다언어 선교와 다문화 선교도 필수적입니다.

미세먼지나 황사, 수질 오염 등의 환경 문제에 대해서 성경적 창조 질서의 관점으로 환경 사역을 펼치는 것도 교회의 몫입니다.

청소년과 청년들의 정신건강 문제에 대응하기 위해서 전문 상담 사역을 도입하면 교회가 치유와 회복의 공동체로 자리매김하게 될 것입니다.

교회는 경제적 불평등의 문제를 해결하는 데 일조하기 위해서, 직장 사역 및 빈곤층 지원 프로그램에도 관심을 가져야 합니다.

기술 발전으로 인한 윤리적 쟁점들('인공지능'과 '생명공학' 등)에 대해서도, 교회가 성경적 가치관을 제시하는 포럼과 세미나를 개최해야 합니다.

문화 예술 분야에서 기독교적 세계관을 반영한 전시회와 공연을 가짐으로써, 복음의 메시지를 새로운 방식으로 전할 수 있어야 합니다.

전 지구적 차원의 글로벌 교류가 활발해진 만큼, 국제적 네트워크를 활용한 온라인 협력 선교사역에 대해서도 교회는 신경을 써야 합니다.

또한 교회는 시민운동에 참여하면서 정의와 평화 실현에 앞장서는 공적 사역에도 관심을 기울여야 합니다.

이러한 사역 지평의 확장으로 인해서, 교회는 '교회 안의 교회'를 넘어서 세상을 향해 생명을 전파하는 통로의 역할을 감당하는 교회가 됩니다.

함께 나누어요 ❻

전체적으로 볼 때 '현대교회의 사역의 실제들'이 지향하는 최종적인 목적은 무엇인가요?

① 교회의 안정과 전통 유지
② 세상을 향해서 생명을 전파하는 통로의 역할 감당
③ 교회 프로그램의 다양화
④ 교인들의 편리함 증대
⑤ 하나님 나라의 확장을 위한 선교적 사명 완수

7. 청지기 훈련(Stewardship Training)

사역의 지평이 넓어진 만큼, 교회는 다양한 자원과 물질을 효율적으로 관리하고 활용하는 것에 목적을 두면서 성도들에게 다양한 청지기 훈련을 제공해야 합니다.

'재정 청지기 훈련'을 통해서 성도들이 헌금의 의미와 교회 예산의 집행 과정을 배우며, 투명한 재정 관리의 중요성을 체득하도록 합니다.

'시간 청지기 훈련'에서는 일과 예배와 가정과 사역을 균형 있게 배분하는 법을 교육하면서, 삶 전체를 하나님께 드리는 습관을 형성토록 합니다.

'은사 청지기 훈련'은 각 성도의 영적 은사를 발견하고, 발견된 그 은사를 교회 사역에 효과적으로 배치합니다. 이 훈련은 자신의 은사를 가지고 보람 가운데 봉사하도록, 성도들에게 섬김의 기쁨을 느끼게 하는 것에 목적을 둡니다.

'물적 자원 청지기 훈련'을 통해서 교회 시설과 비품, 디지털 장비를 효율적으로 유지하고 관리하는 지침을 교육합니다.

'청지기 리더십 훈련'은 장로와 집사와 사역 리더들이 성도들과 함께 책임과 권한을 나누면서, 투명하고 건강한 의사결정을 이끌도록 돕습니다.

'환경 청지기 훈련'을 통해서 창조 질서 보전의 신학적 근거를 가르치고, 교회 내외부에서 실천할 구체적 방안을 세웁니다.

'관계 청지기 훈련'은 교회 공동체 안에서 서로의 영적-정서적 건강을 돌보는 기술과 함께 소통의 경계를 세우는 법을 교육합니다.

'디지털 청지기 훈련'은 온라인 사역과 개인정보 보호와 건설적인 소통 문화를 가르치면서, 새로운 미디어 환경에서 교회가 신실함을 유지하게 하는 것에 목적을 둡니다.

'위기관리 청지기 훈련'을 통해서 재난이나 갈등 상황에서 자원과 인력을 조직적으로 동원하여 교회와 지역사회를 섬기는 역량을 강화합니다.

이 모든 훈련은 교회가 맡은 다양한 사역을 효율적으로 지속가능하게 운영하고, 신자들이 삶의 모든 영역에서 하나님 앞에 책임지는 청지기로 성장하도록 도움을 줍니다.

함께 나누어요 ❼

전체적으로 볼 때 '청지기 훈련'이 지향하는 최종적인 목적은 무엇인가요?

① 교회의 규모를 확장하는 것
② 성도들이 삶의 모든 영역에서 하나님 나라를 책임 있게 섬기는 삶을 살도록 돕는 것
③ 교회 내부 운영의 효율성을 추구하는 것
④ 지역사회와 단절된 독립적 교회 유지
⑤ 하나님께서 맡기신 자원을 충성스럽게 관리하면서 공동체와 세상을 섬기는 것

8. 복음 전도(to Proclaim the Gospel)

복음 전도는 교회가 감당해야 하는 가장 중요한 사역입니다. 현대의 교회들은 사회와 문화의 빠른 변화를 예의 주시하면서, 복음 전파 방식을 계속해서 혁신해 나가야 합니다.

교회 차원에서 온라인 예배와 소그룹 모임을 통해서 성도들이 언제 어디서나 말씀을 나누고 교제할 수 있는 플랫폼을 마련해야 합니다. 소셜미디어, 유튜브 등 다양한 디지털 매체를 적극적으로 활용하면서 복음의 진리를 다양한 연령층의 대중들에게 친근하게 전달할 수 있습니다.

설교자는 디지털 시대에 익숙한 세대와 소통하기 위해서 진솔한 대화와 공감을 바탕으로 복음의 메시지를 선포해야 합니다. 이러한 접근은 단순한 정보 전달을 넘어, 복음이 그들의 삶 속에서 실제적인 변화와 소망으로 다가가도록 합니다. 복음 전도의 효율성은 진정성과 진솔한 관계 속에서 극대화

될 수 있습니다.

현장 사역에서는 지역사회의 요구를 반영한 봉사와 섬김 사역을 통해서 예수님의 사랑을 행동으로 증명해야 합니다. 이러한 사랑의 섬김은 사람들로 하여금 복음을 추상적인 개념이 아니라 살아있는 현실로 경험토록 하는 힘을 갖습니다. 그렇게 사람들의 마음에 복음의 씨앗을 심습니다. 사랑으로 행하는 섬김은 가장 강력한 전도의 도구가 될 수 있습니다.

복음 전도를 위해서 신자들은 개인적으로 일상('직장'과 '가정'과 '학교'와 '사회' 등) 속에서 그리스도의 향기를 풍기는 삶의 방식을 배우고 실천해야 합니다. 상황이 된다면, 신자가 직장에서 일터 선교를 위한 소그룹을 조직함으로써 복음 전파에 동참하는 것도 좋은 방법입니다.

이처럼 교회 공동체와 신자 개개인이 함께 시대적 도구들을 활용하면서 복음 전도사역을 감당한다면, 복음이 우리 사회 가운데에 더 깊이 뿌리내리고 열매를 맺게 될 것입니다.

함께 나누어요 ❽

디지털 시대에 설교자가 소통의 효율성을 높이기 위해서 반드시 바탕으로 삼아야 하는 것은 무엇인가요?

① 진솔한 대화와 공감
② 화려한 시각 자료
③ 적절한 설교 시간
④ 유명한 목사님에게 설교를 위탁하는 것
⑤ 설교에 될 수 있는 대로 유머를 많이 집어넣는 것

9. 성도들의 비전 공유(to Share the Vision)

모든 성도가 교회의 비전을 공유할 때, 성도들 각자의 사역과 섬김이 교회가 정한 목적을 향해서 조화를 이루면서 나아가게 됩니다. 비전 공유는 공동체의 일체감을 높여 서로를 격려하고 지원하는 영성 문화의 기초가 됩니다. 명확한 비전은 성도들에게 자신의 역할과 책임을 분명히 인식시켜, 헌신과 참여를 자연스럽게 이끌어낼 수 있습니다. 이렇게 교회의 비전이 개인의 신앙 여정과 연결될 때, 각 성도는 교회를 자신의 신앙 공동체로 신뢰하게 됩니다.

교회는 비전 공유를 위해서 정기적인 비전 나눔 모임이나 워크숍을 열어서, 성도들의 생각과 아이디어를 적극적으로 반영해야 합니다. 교회의 비전과 성도들의 간증과 경험이 건강하게 유기적으로 어우러질 때, 복음의 생명력이 그 공동체 전체에 울려 퍼지게 됩니다. 이렇게 함께 세운 비전은 위기 상황에서 교회를 지탱하는 든든한 버팀목이 되어 줍니다.

성도들이 교회의 비전을 공유하고 기도로 동참할 때, 성령께서 그 비전을 현실로 이루시는 역사가 일어납니다. 비전을 공유하는 과정 자체가 성도들의 신앙 성숙과 공동체 강화를 이끄는 귀한 훈련이 됩니다.

함께 나누어요 ❾

명확한 비전을 소유하는 것이 성도들에게 주는 유익은 무엇인가요?

① 다시금 교회의 여러 행사들에 강압적으로 참여하게 만들 수 있다.
② 자신의 역할과 책임을 분명히 인식하게 만든다.
③ 봉사 시간을 줄일 수 있다.
④ 물질적 보상을 제공한다.
⑤ 직분을 자동으로 부여한다.

함께 나누어요 ⑩

다양한 사역을 감당하는 중에 현대교회가 잃지 않아야 하는 핵심 가치가 있다면, 그것이 무엇일까요?

성경 공부를 마치며

지금까지 "교회"라는 주제로 성경 공부를 하였습니다. 성경 공부를 통해서 깨달은 점이나 마음에 남은 은혜나 새롭게 얻은 통찰을 간단하게 적어 보시기 바랍니다. 이 기록이 앞으로 하나님과 함께 걸어갈 믿음의 여정을 새롭게 준비하는 소중한 흔적이 될 것입니다.

예시

교회가 하나님께서 세우신 사명 공동체임을 깨닫게 되었습니다. 초대교회의 모습 속에서 오늘의 교회가 회복해야 할 본질과 방향, 그리고 지역사회 속에서 감당해야 할 섬김의 사명이 무엇인지를 다시금 생각하게 되었습니다. 모든 성도가 한마음으로 교회의 비전을 공유하며 함께 걸어갈 때, 교회가 세상을 변화시키는 살아 있는 복음 공동체가 될 수 있음을 확신하게 되었습니다.

성경 공부를 통해서 얻은 통찰 메모하기

2부

신앙 공동체

5과. 교회 ②

1. 모이는 교회가 무엇인가?
2. 모이는 교회에서의 공예배의 중요성
3. 모이는 교회에서 소그룹의 역할
4. 흩어지는 교회가 무엇인가?
5. 모이는 교회와 흩어지는 교회의 연계성
6. 기도 네트워크 구축
7. 지역사회 비상 돌봄과 지원 네트워크 구축

5과. 교회 ②

학습 포인트

1. 모이는 교회가 성전에서의 훈련과 교제를 통해 믿음의 연합을 이룬다는 점을 인식하게 한다.
2. 흩어지는 교회가 세상 속에서 복음 전파와 하나님 나라 구현의 사명을 감당해야 함을 알게 한다.
3. 공예배와 소그룹이 신앙 성장의 장이자 사명 훈련의 터전임을 인정하도록 한다.
4. 기도와 돌봄 사역이 교회를 하나로 묶는 영적 연결망이 됨을 알도록 한다.

현대의 교회 학자들은 교회를 '모이는 교회'와 '흩어지는 교회'로 구분해서 다룹니다. 교회는 하나님의 백성이 함께 모여 예배하고, 흩어져 세상 속에서 복음을 살아내는 이중의 사명을 가진 공동체입니다. 모이는 교회는 공예배와 소그룹을 통해서 신앙의 중심을 세우고, 성도 간의 교제와 훈련의 장이 됩니다. 이와 다르게 흩어지는 교회는 삶의 자리에서 이웃을 섬기고, 지역사회의 아픔에 응답하는 선교적 공동체로 자리합니다. '모임'과 '흩어짐'이 조화를 이룰 때, 교회는 하나님께서 주신 사명을 온전히 감당할 수 있습니다. "예수께서 또 이르시되 너희에게 평강이 있을지어다 아버지께서 나를 보내신 것 같이 나도 너희를 보내노라"(요 20:21).

1. 모이는 교회가 무엇인가?(Gathered Church)

신약성경은 교회를 물리적인 건물로 규정짓지 않습니다. 교회를 예수 그리스도를 주로 고백하는 신자들의 모임으로 정의합니다. "고린도에 있는 하나님의 교회 곧 그리스도 예수 안에서 거룩하여지고 성도라 부르심을 받은 자들과 또 각처에서 우리의 주 곧 그들과 우리의 주 되신 예수 그리스도의 이름을 부르는 모든 자들에게"(고전 1:2). '모이는 교회'의 헬라어 '에클레시아'(ἐκκλησία)의 의미는 '부름을 받은 자들의 모임'이라는 뜻으로서, '성도들이 하나님의 부르심에 응답해서 모인다'는 의미를 갖습니다. 즉 모이는 교회는 '지정된 장소에서의 성도들의 공적 만남'을 가리킵니다. 예를 들면 성도들이 성전에서 갖는 모임이 모이는 교회에 해당이 됩니다.

모이는 교회는 성도들 각자의 개인 신앙을 묶으면서 공동체적 연합을 이루며, 성도들 서로의 신앙 성장을 돕는 장(場)이 됩니다. 또한 모이는 교회는 성령의 임재를 집합적으로 체험하는 장이 되기도 합니다. 성경은 "서로 격려하며 모이기를 폐하는 일이 없도록 하라"고 권면함으로써(히 10:25), 성도들의 모임 자체가 신앙 유지의 필수 요소임을 강조합니다.

이 공동체적 모임에서 각 성도는 자신의 은사를 펼치면서 교회를 세우는 사역자로 부름을 받습니다(롬 12:4-5). 나아가서 모이는 교회는 성도들이 세상에 나가서 그리스도의 증인의 역할을 감당하도록 준비되는 영적 훈련의 장이기도 합니다.

함께 나누어요 ❶

다음 중 '모이는 교회'가 갖는 기능으로 올바르지 않은 것은 무엇인가요?

① 성전에서 성도들끼리 서로 격려하면서 신앙생활을 하는 것
② 성령의 임재를 공동으로 체험하는 공간
③ 세상과 완전히 단절된 고립 공간
④ 신자가 은사를 발견하고 훈련받는 장
⑤ 지역사회와의 관계를 단절하는 폐쇄적인 모임

2. 모이는 교회에서의 공예배의 중요성(Corporate Worship)

모이는 교회에서 갖는 공예배는 성도들이 함께 하나님 앞에 모여서 언약 공동체로서의 정체성을 경험하는 장이 됩니다. 예배 중 선포되는 말씀과 성례식('세례'와 '성찬')은 하나님의 은혜를 공급받는 가장 강력한 채널입니다. 예배 시 찬양과 기도를 통해서 성도들은 영과 진리로 하나님께 나아감으로써, 개인의 영적 회복과 공동체적 연합을 동시에 누립니다.

또한 모이는 교회에서의 공예배는 서로를 격려하여 믿음을 굳게 세우는 디딤돌 역할을 하기도 합니다. 성도들에게 거룩함을 상기시켜서, 성도가 일상 속에서 거룩을 살아가도록 돕습니다. 목회자의 설교는 삶의 방향과 사명을 분명히 제시하여, 성도들이 흩어져서 세상에 나갈 때 그들을 영적으로 붙들어 줄 영적 나침반의 역할을 감당합니다. 공예배에서 함께 드리는 공동 기도는 개인 기도를 넘어서 교회 전체의 통합된 영적 호흡을 만들어냅니다.

성령께서 성전에서의 공예배 가운데 역사하시므로, 성도들은 영적 활력을 충전받고, 흩어져서 세상을 섬길 수 있는 에너지를 공급받습니다. 이런 점에서 볼 때 신자가 성전의 공예배에 참여하는 것은 흩어져서 복음을 전하고 사명을 감당하는 데 있어서 반드시 필요한 영적 연료의 공급이라 할 수 있습니다.

함께 나누어요 ❷

성전에서의 공예배를 통해서 성도들이 누릴 수 있는 영적 유익에 무엇이 있나요?

① 성령의 역사와 영적 충전
② 공동체적인 연합
③ 성도들 각자의 정체성 회복
④ 각 성도의 자기 계발
⑤ 하나님의 은혜 체험

3. 모이는 교회에서 소그룹의 역할(Small Groups)

모이는 교회에서 갖는 소그룹은 성도들이 더 친밀하게 서로의 삶을 나누고 기도로 중보하며, 개인의 영적 상태를 세심하게 돌보는 작은 모임입니다. 사도 바울이 고린도전서 12장에서 강조했듯이, 작은 지체들이 모여서 서로의 은사를 교환하고 칭찬함으로 전체 교회가 건강해집니다.

소그룹에서는 깊이 있는 성경 묵상과 토의가 가능해서, 공예배 때 들은 설교 말씀을 삶에 적용할 수 있는 구체적인 지혜를 얻을 수 있습니다. 또한 소그룹에서 서로의 기도 제목과 영적 고민을 나눔으로써, 섬세하게 영적 에너지를 공급받을 수 있습니다. 소그룹 리더가 영적 멘토로서 정기적으로 격려하고 도전함으로써, 지체들이 신앙생활의 방향을 잃지 않도록 이끌어 줍니다.

갈등이 생길 때, 작은 모임 안에서 진솔한 피드백과 화해의 과정을 거치면서 공동체의 치유와 성숙이 이루어지는 것도 소그룹의 장점입니다. 나아가서 소그룹 모임은 성도들이 각자의 삶의 자리에 나가서 섬김 사역과 전도 활동을 감당하도록 돕는 기능도 가지고 있습니다. 더 나아가서 소그룹에서 친교와 식탁 교제를 통해서 서로의 일상을 공유하며, '주님의 몸 된 교회'의 사랑과 연합을 구체적으로 체험하기도 합니다.

소그룹은 매주 또는 격주로 정기적 만남을 갖는 모임으로, 끊임없는 영적인 대화와 기도로 성도들의 영혼을 회복시켜 줍니다. 이러한 소그룹의 다양한 경험들은 공적 예배에서 받은 은혜를 일상 속으로 이어주는 가교 역할을 하면서, 성도 개개인의 영적 활력을 충전시켜 줍니다.

함께 나누어요 ❸

소그룹 모임에서 나는 어떠한 영적 유익을 누리고 있나요?

① 소그룹 지체들과의 친밀한 교제

② 중보기도를 통한 영적 위로
③ 설교 말씀 나눔을 통한 신앙의 방향성 점검
④ 신앙의 고민을 편안하게 나눌 수 있는 친밀한 교제의 장
⑤ 서로의 삶을 나누면서 신앙적으로 도전을 받는 것

4. 흩어지는 교회가 무엇인가?(Scattered Church)

'흩어지는 교회'는 '모이는 교회'와 짝을 이루는 개념입니다. 흩어지는 교회는 헬라어 아포스텔로(ἀποστέλλω)의 의미처럼, '성도들이 예배당을 떠나서 세상 속으로 파송된다'는 의미를 갖습니다. 사도행전 8장에서 빌립이 예루살렘을 떠나 사마리아에 가서 복음을 전한 사건은 흩어지는 교회의 대표적인 본보기입니다. 예수님은 '온 천하에 다니며 만민에게 복음을 전파하라'고 명령하심으로(막 16:15), 성도들이 흩어져 세상에 나가서 감당해야 하는 사역이 있음을 알게 하셨습니다.

그리스도인들은 세상 속에서 빛과 소금으로 살아감으로써(마 5:13-14), 일상이 곧 예배가 되어야 하는 사람들입니다. 흩어지는 교회는 성전의 공적 예배에서 공급받은 은혜를 가정과 직장과 학교 등의 삶의 자리에서 실제로 적용하는 삶을 가리킵니다.

바울은 에베소서 4장에서 "부르심을 받은 이로서 합당하게 행하라"라고 권면하면서(엡 4:1), 신자들이 흩어져서 감당해야 하는 삶이 무엇인지를 제시하고 있습니다. 흩어지는 교회는 지역사회에서 복음을 증거하는 삶을 살아야 합니다. 일상의 모든 순간이 하나님께 드리는 제사로서(롬 12:1), 성도들은 흩어질 때마다 삶의 자리에서 예배의 정신을 실천하는 삶을 살아갑니다. 이렇게 세상으로 파송된 성도들은 모이는 교회에서 받은 영적 에너지를 세상 속으로 흘려보내는 '살아있는 증인'이 됩니다.

함께 나누어요 ❹

세상에서 '흩어지는 교회'로 살아가면서 내가 주로 할 수 있는 일은 무엇인가요?

① 직장에서 먼저 인사하고, 따뜻한 말 한마디를 전한다.
② 먼저 용서하고, 믿음의 분위기를 만든다.
③ 교회 밖 이웃에게 작은 선행과 함께 복음을 전한다.
④ SNS에서 복음적인 글이나 말씀을 자연스럽게 나눈다.
⑤ 기도로 일터와 이웃을 품고 중보자의 자리를 지킨다.

5. 모이는 교회와 흩어지는 교회의 연계성(Connection)

모이는 교회와 흩어지는 교회는 본래 하나의 몸을 이루는 동일한 공동체로서, 서로 단절되지 않을 때 진정한 연합이 이루어집니다(고전 12:12-13). 예수님은 제자들을 모아 가르치신 후에, 제자들이 그 모임을 통해서 받은 말씀과 능력을 가지고 세상으로 나아가도록 하셨습니다(눅 10장).

모임에서 예배와 말씀 훈련을 통해서 준비된 성도가 흩어져 세상에 나가서 교회로서의 사명을 온전히 수행할 수 있습니다. 만일 모이는 교회에서 배운 영적 원리와 공동체성을 흩어지는 삶에 적용하지 못한다면, 그 은혜는 신자의 개인적인 경험에 머물게 될 수밖에 없습니다.

초대교회는 예루살렘 지역에 모여서 받은 성령의 은혜를 온 유대와 이방 지역에 전하면서, '모임'과 '흩어짐'이 자연스럽게 연결된 사역 모델을 보여주었습니다(행 8장). 바울이 에베소서 4장에서 말하듯이(엡 4:11-13), 교회는 성도들을 성숙케 하기 위해서 모이고, 성숙한 성도는 흩어져서 세상을 섬기면서 그곳을 하나님의 나라로 일구어갑니다. 모이는 교회가 흩어지는 교회를 소홀히 하면, 영적 공급과 사명의 흐름이 끊어져서 '공동체의 연대성'이 위협을 받게 됩니다. 반대로 흩어지는 교회가 모이는 교회를 경시하면, 교회로서의 본래적 정체성이 약화됩니다.

따라서 모이는 자리에서 함께 받은 은혜와 비전은 각자의 자리로 흩어진 후에 성도들의 삶의 현장에서 구체적인 사랑과 진리로 드러나야 합니다. 모이는 교회와 흩어지는 교회가 친밀한 '연계성'을 가질 때, 교회는 세상에 하나님 나라를 확장시켜 나가는 일의 구심점이 될 수 있습니다.

함께 나누어요 ❺

흩어지는 교회를 소홀히 하면 어떻게 될 수 있을까요?

① 찬양대가 풍성해진다.
② 성도 수가 급증한다.
③ 재정이 풍성해진다.
④ 예배 시간이 길어진다.
⑤ 영적 공급과 사명의 흐름이 끊어진다.

6. 기도 네트워크 구축(Prayer Network Construction)

기도 네트워크 구축은 모이는 교회에서 받은 은혜를 흩어진 삶의 자리로 이어주는 '영적 가교의 기능'을 갖습니다. 기도 네트워크의 구축으로 교회의 성도들 전체가 마음과 생각을 공유하면서 기도하게 됩니다. 성경은 "항상 기도하고 기도에 깨어 있으라"고 권면하면서(살전 5:17), 지속적인 기도가 공동체를 생명력으로 채운다고 가르칩니다.

기도 네트워크는 성도 개개인의 중보기도 제목을 조직화하여서, 그들의 기도 제목을 교회 전체가 공유하도록 돕습니다. 또한 모이는 교회에서 정한 기도 제목들을 흩어져 있는 교우들이 온라인과 오프라인으로 순환하면서 공유하면, 성도들 사이에서 연속적인 기도 흐름이 유지됩니다. 사도행전 12장에서 성도들이 모여서 함께 간구하던 초대교회 모델을 본받아서(행 12:5),

교회는 강력한 기도 모임 네트워크를 구축할 수 있습니다.

기도 네트워크를 구축하는 것은 교회로 하여금 통합된 사명과 영적 연합을 유지하면서, 세상 속에 하나님 나라를 확장시키는 또 하나의 동력이 됩니다. 기도가 개인의 경건을 위한 수단을 넘어서, 교회를 하나로 묶는 영적 연결망이 될 수 있습니다. 이러한 기도의 네트워크는 고난의 때에도 교회를 무너지지 않도록 지탱하면서, 성도들 사이에 깊은 연대감을 갖도록 하는 거룩한 통로가 됩니다.

함께 나누어요 ❻

기도 네트워크가 하는 중요한 역할은 무엇인가요?

① 모이는 교회에서 받은 은혜를 흩어진 삶의 자리로 이어주는 영적 가교 역할
② 성도들이 한마음으로 지속적으로 기도하도록 연결하는 장치
③ 성도 간의 친목 모임을 주관하는 조직
④ 교회의 사역과 비전을 두고 영적으로 교통하게 하는 연결 고리
⑤ 위기 상황에서 빠르게 중보기도가 이루어지도록 돕는 영적 대응망

7. 지역사회 비상 돌봄과 지원 네트워크 구축(Network Construction)

지역사회가 위기에 처했을 때, 교회는 신속하고 실질적인 돌봄과 지원을 제공하는 공동체가 되어야 합니다. 바울이 말한 "서로의 짐을 지라"(갈 6:2)는 말씀처럼, 교회는 재난과 사고를 겪는 이웃들을 위해서 긴급 돌봄 전담팀을 구성하고, 음식과 의약품과 상담과 기도 등 전인적 지원 시스템을 제공해야 합니다. 지역 주민 중에서 위기를 맞은 이들이 생겼을 때 교회가 신속하면서도 따뜻하게 대응하는 것은 단순히 또 하나의 시스템을 구축하는 것을 넘어, 그리스도의 사랑이 현장에서 드러나는 강력한 복음의 증거가 됩니다.

지역의 기관들과 사전 협약을 맺고, 교회 건물과 온라인 플랫폼에 비상 연락망을 구축하여 위기 발생 시 누구나 즉시 도움을 받을 수 있도록 합니다. 정기적인 모의 훈련을 통해서 대응 체계를 점검함으로써, 성도들이 위기 대응 능력을 갖추도록 훈련합니다.

교회는 고난의 현장에서 예수님의 손과 발이 되어야 하며, 위기에 처한 이웃에게 하나님의 위로와 소망을 전하는 살아 있는 통로가 되어야 합니다. 이러한 공동체적 섬김을 통해서, 교회는 말보다 행동으로 복음을 증언하는 진정한 믿음의 공동체로 우뚝 서게 됩니다.

함께 나누어요 ❼

지역사회 비상 돌봄 네트워크 구축의 궁극적인 목적은 무엇인가요?

① 지역 주민들에게 교회의 행정력을 과시하는 것
② 교회 재정을 늘리는 것
③ 교회 건물의 사용률을 높이는 것
④ 위기에 처한 이들에게 예수님의 사랑을 효율적으로 전하는 사랑의 공동체가 되는 것
⑤ 지역에서 교회의 위상을 높이는 것

함께 나누어요 ❽

나는 '모이는 교회'와 '흩어지는 교회'의 균형을 어떻게 유지하는지를 생각해 보시기 바랍니다.

성경 공부를 마치며

지금까지 "교회"라는 주제로 성경 공부를 하였습니다. 성경 공부를 통해서 깨달은 점이나 마음에 남은 은혜나 새롭게 얻은 통찰을 간단하게 적어 보시기 바랍니다. 이 기록이 앞으로 하나님과 함께 걸어갈 믿음의 여정을 새롭게 준비하는 소중한 흔적이 될 것입니다.

예시

성경 공부를 통해서 교회가 세상 속으로 파송되어 복음을 살아내는 유기체임을 깨달았습니다. 성전에서의 공예배와 소그룹, 흩어지는 삶, 기도와 지역사회를 돌보는 것까지, 모든 사역이 하나로 연결될 때 교회가 진정한 그리스도의 몸이 됨을 알았습니다. '모임'과 '흩어짐'의 균형을 유지하면서, 교회의 사명에 능동적으로 참여하고 싶다는 마음을 갖게 되었습니다.

성경 공부를 통해서 얻은 통찰 메모하기

2부

신앙 공동체

6과. 성도의 교제

1. 성도들, 나의 신앙생활의 동반자
2. 성도의 교제
3. 성도의 동역
4. 제자훈련과 멘토링
5. 바람직한 갈등 해결
6. 건강한 화해

6과. 성도의 교제

학습 포인트

1. 성도의 교제가 교회 공동체를 세우고 성도들의 믿음을 성장하게 함을 알게 한다.
2. 건강한 동역과 은사에 따른 역할 분담의 중요성과 유익을 인식하게 한다.
3. 갈등 발생 시 신앙 안에서 성숙하게 대처하고 해결하는 방법을 익히게 한다.
4. 화해의 절차와 그 안에 담긴 신앙적 의미와 공동체적 가치를 알게 한다.

신앙은 개인적인 결단에서 시작하지만, 결코 혼자서는 감당할 수 없는 여정입니다. "9 두 사람이 한 사람보다 나음은 그들이 수고함으로 좋은 상을 얻을 것임이라 10 혹시 그들이 넘어지면 하나가 그 동무를 붙들어 일으키려니와 홀로 있어 넘어지고 붙들어 일으킬 자가 없는 자에게는 화가 있으리라"(전 4:9-10). 하나님은 우리를 공동체 안으로 부르셨습니다. 성도는 서로를 격려하고 세워주는 신앙의 동반자입니다. 성도의 교제는 단순한 만남을 넘어서, 함께 배우고 동역하며 자라나는 '영적 사귐'입니다. 때로는 갈등이 있을 수 있지만, 성숙한 대화와 화해를 통해서 관계는 더 견고해지고 공동체는 더욱 건강해집니다. 제자훈련과 멘토링, 그리고 봉사의 협력을 통해서 성도들은 함께 자라며 하나님의 뜻을 이루어 갑니다.

1. 성도들, 나의 신앙생활의 동반자(My Companion)

각각의 성도는 신앙 여정에서 영적 파트너로서 기쁨과 고난을 함께 나누는 동반자입니다. 기도의 자리를 만들어서 기도 제목을 나누고 기도하면서, 서로의 짐을 함께 짊어집니다. 말씀 묵상 모임을 규칙적으로 갖고 각자의 깨달음과 적용점을 나누면서 격려합니다. 일상에서 마주치는 유혹이나 시험을 솔직하게 이야기하면서, 서로 책임질 수 있는 관계망을 세웁니다.

서로의 은사를 확인하고 그 은사를 실천하는 작은 사역을 계획할 때, 동반자로서의 연합이 구체적인 열매로 맺힙니다. 어려움을 겪는 지체들에게 주기적으로 안부를 묻고, 필요한 실질적인 도움('식사 준비', '동행' 등)을 제공하는 것도 동반자로서 필요한 태도입니다. 성경 공부나 소그룹에서 역할을 분담하여 함께 섬기면, 동반자로서의 책임감과 연대감이 더욱 강화됩니다.

서로의 신앙 목표를 공유하면서 그 목표를 향해서 함께 나아가는 것도 좋습니다. 갈등이 생겼을 때는 만나서 진솔하게 대화하고 서로의 마음을 돌아보면서 바람직한 화해의 절차를 밟습니다. 건강한 동반자 관계를 세우기 위해서는 먼저 내가 진솔하게 마음을 열면서, 상대방의 연약함을 보듬어 주려는 배려의 손길을 펼쳐야 합니다.

함께 나누어요 ❶

신앙 여정에서 신앙 동료들과 무엇을 함께 할 수 있을까요?

① 함께 운동하는 것
② 교회 행사 사진을 찍는 것
③ 함께 여행 계획을 세우는 것
④ 재정 투자에 대한 정보를 얻는 것
⑤ 기도 제목을 나누고 함께 기도하는 것

2. 성도의 교제(Fellowship of Saints)

교회는 성도의 교제를 통해서 그리스도의 몸으로서의 하나 됨을 드러냅니다. 성도의 교제를 통해서 교회는 서로를 세워주고 사랑으로 섬기며, 하나님의 영광을 나타내는 공동체로 성장합니다. 기도 모임도 서로의 신앙을 세워주는 교제의 장이 됩니다. 서로의 삶을 오픈하면서 고단한 삶의 흔적을 기도로 덮어 주는 모습이 교회 안에서 실제로 풍성하게 이루어지고 있다면, 이미 성도의 교제가 풍성하다고 얘기할 수 있습니다.

성도의 교제는 함께 말씀을 듣고 묵상하면서 각자의 은혜를 나눌 때 더욱 구체화됩니다. 나아가서 예배 후 소그룹 모임에서 나누는 삶의 고백 역시 교회가 단순한 모임을 넘어 참된 영적 가족임을 보여주는 표징이 됩니다. 새로운 성도들을 마음을 열어서 환대하는 것도 교회의 하나 됨을 넓히는 계기가 됩니다. 교회는 따뜻한 교제 속에서 기쁨과 슬픔을 함께 나누면서 삶의 고비 때마다 서로의 영적인 등대가 되어 주는 사랑의 공동체이어야 합니다.

이러한 성도의 교제가 공동체 가운데 풍성할 때, 성도들은 그리스도의 사랑을 증거하는 교회의 본질적 사명을 넉넉하게 감당할 수 있는 에너지를 공급받게 됩니다.

함께 나누어요 ❷

성도의 교제가 활성화되는 방안에 무엇이 있을까요?

① 예배 시간을 단축한다.
② 함께 말씀을 듣고 묵상하며 은혜를 나누는 것을 즐긴다.
③ 주일에만 인사하면서 교제한다.
④ 각자 개인 경건 생활만 강조한다.
⑤ 모임을 온라인으로만 진행한다.

3. 성도의 동역(Partnership in Ministry)

건강한 동역을 위해서는 먼저 교회의 비전을 모든 성도가 명확하게 공유해야 합니다. 그런 후에 각자의 강점과 은사를 살려서 역할을 분담하면, 서로의 부담을 줄이고 동역의 효율성을 높일 수 있습니다.

건강한 동역을 위한 몇 가지 지침을 소개합니다. 첫째, 정기적으로 모여서 사역 진행 상황을 점검하고 필요한 자원을 함께 논의합니다. 둘째, 사역의 일정을 사전에 합의하여서 불필요한 충돌이 없도록 합니다. 셋째, 문제가 발생하면 즉시 솔직한 대화를 통해서 원인을 파악하고 해결책을 모색합니다. 넷째, 기도 제목을 나누고 중보기도로 서로를 격려하며 영적 동력을 유지합니다. 다섯째, 사역에 필요한 물적·인적 자원을 교회 내부와 외부에서 함께 탐색하고 확보합니다. 여섯째, 사역의 진행 과정에서 배우고 느낀 점을 정리하고 함께 리뷰하면서 개선점을 찾아갑니다. 일곱째, 의사결정은 투명한 논의 과정을 거쳐서 결정하고, 결과에 대해서는 책임을 공유합니다. 여덟째, 사역의 성과를 함께 축하하면서 동역의 기쁨을 나누는 문화를 조성합니다.

함께 나누어요 ❸

사역의 성과를 함께 축하하는 문화가 공동체에 어떤 유익을 줄까요?

① 개인의 명성을 높여준다.

② 사역 평가를 면제해 준다.

③ 팀원 간의 신뢰와 사기를 높여준다.

④ 교회의 외적인 성장을 돕는다.

⑤ 동역의 기쁨을 나누고 건강한 사역 문화를 자리 잡게 만든다.

4. 제자훈련과 멘토링(Discipleship and Mentoring)

교회에서 제공하는 제자훈련은 성도들에게 영적 성장을 돕는 기초 과정을 제공합니다. 체계적인 성경 공부와 함께 실천 과제를 제공함으로써, 성도들에게 예수님의 가르침을 그들의 삶에 적용하도록 돕습니다. 제자훈련 과정에서 함께 말씀을 암송하고 묵상하면, 공동체 안에서 말씀에 대한 이해가 풍성해집니다.

이러한 제자훈련과 함께 교회는 멘토링 시스템도 구비해야 합니다. 멘토링은 제자훈련 중 어려움을 겪는 이에게 즉각적인 위로와 실제적인 조언을 제공합니다. 경험이 많은 멘토가 자신의 신앙 여정과 실패와 성공 사례를 들려주면서, 어려움에 빠진 신앙의 동료들이 예수님의 제자가 되는 데에 도움을 줄 수 있습니다.

멘토링 모임에서는 서로의 삶을 나누면서 상호 격려의 시간을 갖는 것이 필요합니다. 멘토와 멘티가 정기적으로 만나서 기도 제목을 나누고 중보기도를 하면서 영적 유대감이 강화됩니다. 제자훈련 과정을 마친 후에도 멘토링 네트워크를 유지하면서 지속적인 돌봄과 성장을 이어갑니다.

성도의 교제는 제자훈련을 통해서 쌓인 믿음 위에 멘토링이 더해질 때 더욱 깊어집니다. 서로를 격려하고 세워주는 멘토링은 공동체가 하나님의 사랑을 실천하는 데 있어서 서로에게 든든한 울타리가 됩니다.

함께 나누어요 ❹

교회에서 제자훈련 프로그램을 가질 때, 어떤 훈련을 가장 받고 싶은가요?

① 체계적인 성경 공부와 말씀 암송 훈련
② 실제 생활에 적용하는 신앙 실천 과제
③ 멘토와 일대일 정기 멘토링 모임
④ 기도 훈련과 중보기도 실습
⑤ 신앙 여정과 경험을 나누는 소그룹 나눔

5. 바람직한 갈등 해결(Conflict Resolution)

교회 공동체 안에서 갈등이 생기는 것을 피할 수는 없습니다. 그러나 갈등이 분열로 이어져서는 안 되며, 오히려 공동체가 성장하고 성숙해지는 기회로 삼을 수 있어야 합니다. 이를 위해서 성도들은 신앙적인 태도와 더불어 실제적인 소통 기술을 익혀야 합니다.

첫째, 자기 감정에 대한 솔직한 인식입니다. 갈등이 생겼을 때, 먼저 자신의 감정을 정직하게 인식하는 것이 필요합니다. 감정을 억누르거나 회피하지 않고, 무엇이 자신을 불편하게 만들었는지를 돌아보는 시간을 갖습니다. 이것이 갈등 해결의 출발점이 됩니다.

둘째, 사실 확인을 위한 적극적인 경청입니다. 갈등 해결을 위한 대화의 자리에서 상대방의 말을 끝까지 경청하고, 그 의미를 정확히 이해하는 태도가 중요합니다. 상대방이 전하려는 핵심 요지와 의도를 분명히 파악함으로써 불필요한 오해를 예방할 수 있습니다. 또한 문제의 핵심을 파악하기 위해서 사실과 추측과 오해를 명확히 구분하는 것도 필요합니다.

셋째, 집중된 대화 환경 조성입니다. 효율적으로 문제를 해결하기 위해서 서로의 관점을 존중하며 대화 시간을 따로 정해서 집중적으로 대화하는 장을 마련해야 합니다. 감정이 격해질 경우에는 잠시 멈추고 기도하거나 깊은 호흡을 통해서 마음을 진정시키는 것도 필요합니다.

넷째, 중재자의 도움과 공동의 해결책 마련입니다. 상황이 복잡하거나 감정의 골이 깊은 경우에는 신뢰할 만한 제삼자를 중재자로 세워서 객관적인 관점에서 상황을 조율하는 것이 도움이 됩니다. 이후에는 양측 모두가 동의할 수 있는 실질적인 대안을 함께 모색하고 합의해야 합니다. 이때 누구도 일방적으로 손해를 보지 않도록 객관적으로 조정을 해야 지속적인 협력이 가능합니다.

다섯째, 사후 점검과 예방적인 소통입니다. 갈등이 일단락된 이후에도 정기적인 소통의 시간을 마련하여 관계를 관리하고, 유사한 갈등이 반복되지 않도록 공동의 예방책을 세우는 것이 필요합니다. 이때 갈등을 단순히 '풀어야 할 문제'로 보는 것이 아니라, '공동체의 성숙을 위한 발판'으로 삼는 시각의 전환이 필요합니다.

함께 나누어요 ❺

다른 성도와 갈등이 생겼을 때 나는 주로 어떻게 하나요?

① 내 감정을 차분하게 설명하면서 솔직하게 표현한다.
② 감정을 바로 드러내기보다 기도하면서 마음을 가라앉힌 뒤 대화한다.
③ 상황이 더 악화될까 봐 그냥 참고 넘어간다.
④ 믿을 만한 제삼자에게 먼저 상담을 요청하거나 조언을 구한다.
⑤ 갈등의 원인을 스스로 돌아본 뒤 상대방과 해결 방법을 함께 찾는다.

6. 건강한 화해(Reconciliation)

교회 공동체 안에서의 화해는 단순한 갈등 해소를 넘어서, 하나님의 사랑과 은혜를 실천하는 또 하나의 장입니다. 건강한 화해는 복음의 능력을 삶으로 보여주는 증거입니다. 건강한 화해를 위해서 필요한 몇 가지 단계를 소개합니다.

첫째, 자신의 잘못을 인정하는 고백이 화해의 출발점이 됩니다. 화해는 먼저 자신의 잘못을 인정하는 겸손한 태도에서 시작됩니다. 상대방에게 마음을 열고 나의 실수를 솔직히 고백할 때, 관계 회복의 문이 열립니다. 이 과정에서는 변명이나 자기방어가 아니라 상대방 앞에서 진정한 뉘우침의 언어가 있어야 합니다.

둘째, 공감하고 경청하면서 상대방의 상처를 수용하는 자세입니다. 화해는 말의 교환이 아니라 상대의 아픔에 공감하는 마음에서 비롯됩니다. 상대방의 이야기를 끝까지 경청한 후에 상처의 지점을 가볍게 넘기지 말고 진심으로 보듬는 태도가 필요합니다.

셋째, 진정성 있는 사과를 구체적으로 언급하는 것입니다. 나로 인해서 상대방이 받은 상처에 대해서 진정성 있게 구체적으로 사과를 해야 합니다. 나의 잘못에 대한 인정과 책임감 있는 언어가 회복을 이끌어냅니다.

넷째, 재발 방지를 위한 노력입니다. 화해 이후에는 같은 문제가 반복되지 않도록 구체적인 대책을 세워야 합니다. 이를 위해서 교회 차원의 제도와 시스템을 마련하는 것이 필요합니다.

다섯째, 함께 기도하는 것입니다. 진정한 화해는 인간의 노력만으로는 온전히 이루어지기 어렵습니다. 함께 기도함으로써 하나님의 은혜 아래에서 마음의 치유가 이루어지도록 해야 합니다. 함께 기도하는 것은 화해의 전 과정을 하나님께 맡기는 신앙의 행위입니다.

여섯째, 관계 회복을 위한 실천과 공동체의 지지입니다. 화해 후에는 약속한 사항을 성실히 지키고, 정기적으로 안부를 전하면서 교제하는 노력이 필요합니다. 또한 필요할 경우 제삼자의 지도를 받아서 공동체의 지지 속에서 화해가 더욱 굳건해지도록 해야 합니다.

마지막으로 화해의 과정을 소그룹에서 나눌 수 있다면, 더욱 좋습니다. 화해 과정에서 느낀 배움을 소그룹에서 조심스럽게 나누면, 다른 이들에게도 은혜로 전해질 수 있습니다. 화해하는 과정에서 얻은 교훈은 다른 성도들에게 본이 되는 회복의 이야기가 됩니다.

함께 나누어요 ❻

상대방의 상처를 수용하는 과정에서 반드시 필요한 것은 무엇인가요?

① 자기 입장을 끝까지 강하게 주장하는 태도
② 상대방의 상처를 가볍게 넘기는 태도
③ 상대방의 말을 끝까지 경청하고 공감하는 마음
④ 문제를 빨리 해결하려는 조급함
⑤ 제삼자에게 떠넘기는 자세

함께 나누어요 ❼

화해 과정에서 '미안해요'라고 짧게 말하는 것과 '구체적으로 사과하는 것'에 어떤 차이가 있을까요?

① 구체적인 사과는 상대방의 입장을 더 깊이 이해하고 있다는 증거이다.
② 짧은 말은 간단하기에 진정성을 전하기에 부족할 수 있다.
③ 구체적인 사과는 재발 방지를 위한 의지를 함께 표현할 수 있다.
④ 짧은 말은 오해를 줄이는 데 효과적일 수 있다.
⑤ 구체적인 사과는 관계 회복의 신뢰를 세우는 데 도움이 된다.

함께 나누어요 ❽

성도의 교제를 통해서 경험한 하나님의 손길에 무엇이 있었는지를 생각해 보시기 바랍니다.

성경 공부를 마치며

지금까지 "성도의 교제"라는 주제로 성경 공부를 하였습니다. 성경 공부를 통해서 깨달은 점이나 마음에 남은 은혜나 새롭게 얻은 통찰을 간단하게 적어 보시기 바랍니다. 이 기록이 앞으로 하나님과 함께 걸어갈 믿음의 여정을 새롭게 준비하는 소중한 흔적이 될 것입니다.

예시

성경 공부를 통해서 신앙생활이 함께 걷는 '공동체의 여정'인 것을 깨달았습니다. 성도의 교제와 동역, 그리고 진정한 화해의 과정이 얼마나 중요한지를 배우면서, 열린 마음과 섬김의 자세로 공동체에 더 깊이 참여하고 싶다는 마음이 생겼습니다. 특히 서로를 세워주는 건강한 관계 속에서 하나님 나라가 이루어져 간다는 사실이 큰 감동으로 다가왔습니다.

성경 공부를 통해서 얻은 통찰 메모하기

2부

신앙 공동체

7과. 은사와 봉사

1. 은사가 무엇인가?
2. 성경 인물들의 은사 활용
3. 은사의 다양성
4. 은사 발견 워크숍
5. 은사와 봉사
6. 봉사의 현실적인 측면
7. 은사의 청지기
8. 잘못된 은사 사용과 균형 잡기

7과. 은사와 봉사

학습 포인트

1. 은사가 공동체 섬김을 위한 성령의 선물임을 인식하게 한다.
2. 성경 인물들의 은사 활용 사례를 통해 실제적인 교훈을 배운다.
3. 다양한 은사를 존중하며 균형 있게 사용하는 법을 익힌다.
4. 봉사 중 겪는 다양한 현실과 바람직한 태도를 알도록 한다.

하나님은 각각의 성도에게 고유한 은사를 주셔서 교회를 세우고 세상을 섬기게 하십니다. "6 우리에게 주신 은혜대로 받은 은사가 각각 다르니 혹 예언이면 믿음의 분수대로 7 혹 섬기는 일이면 섬기는 일로, 혹 가르치는 자면 가르치는 일로 8 혹 위로하는 자면 위로하는 일로, 구제하는 자는 성실함으로, 다스리는 자는 부지런함으로, 긍휼을 베푸는 자는 즐거움으로 할 것이니라"(롬 12:6-8). 이 은사는 사람마다 다르게 나타나며, 발견하고 훈련하며 실천될 때 그 진가를 발휘합니다. 즉 은사는 공동체를 위한 봉사로 연결될 때 그 의미가 완성됩니다. 그런데 현실 속 봉사는 때로 지치고 오해를 받기도 하기에, 은사를 바르게 사용하기 위해서는 '분별'과 '균형'이 필요합니다. 모든 은사는 하나님의 것을 맡은 청지기의 자세로 겸손하고 성숙하게 사용되어야 합니다.

1. 은사가 무엇인가?(Spiritual Gifts)

은사(恩賜)는 단순히 재능이나 능력을 가리키지 않습니다. 은사는 성령 하나님께서 각 성도에게 주신 고유한 선물로서, 그 목적은 자신의 유익이 아니라 교회를 세우고 세상을 섬기는 데에 있습니다. 은사와 관련해서 몇 가지 사안을 살펴보겠습니다.

첫째 '은사의 발견'입니다. 은사는 공동체 안에서의 검증과 실천을 통해서 발견되고 다듬어지는 성격을 갖습니다. 은사를 발견하는 데에는 믿음의 동역자들의 조언이 도움이 되며, 종종 사역의 경험 속에서 자연스럽게 드러나기도 합니다.

둘째 '은사의 성장'입니다. 은사는 단순히 발견하는 것에서 멈추는 것이 아니라, 성장시켜 나가야 하는 분야입니다. 성도에게 하나님께서 자신에게 주어진 은사를 겸손하게 성장시켜가는 과제가 주어집니다.

셋째 '은사의 부담'입니다. 은사를 귀하게 여겨야 하지만, 때때로 은사가 부담스럽게 여겨질 때가 있습니다. 그러나 하나님은 그 부담을 통해서 성도를 성숙하게 하시고, 하나님을 의지하게 하시며, 공동체와 함께 성장하게 하십니다. 은사는 성도에게 거룩한 부담을 주면서 순종의 자리로 나아가도록 하는 성격을 갖습니다.

넷째 '은사의 열매'입니다. 자신의 은사가 교회의 필요와 연결될 때, 성도의 은사 활용이 기쁨이 되면서 열매를 맺게 됩니다. 그럴 때마다 성도는 하나님께서 주신 은사의 목적을 잊지 않고 맡겨진 일을 더욱 겸손하게 감당해야 합니다. 그럴 때 하나님께서 그의 은사의 열매가 더욱 풍성하게 맺히도록 이끌어 가실 것입니다.

함께 나누어요 ❶

다음 중 은사에 대한 설명으로 적절한 것은 무엇인가요?

① 은사는 성령께서 주신 고유한 선물로서, 교회를 세우고 세상을 섬기는 데 목적이 있다.

② 은사는 개인의 취미 활동을 발전시키는 재능이다.

③ 은사가 발견되면, 더 이상 훈련이 필요 없다.

④ 은사는 때때로 도전과 부담을 동반하며, 순종의 자리로 이끄는 성격을 갖는다.

⑤ 은사의 열매는 교회의 필요와 연결될 때 더욱 풍성하게 맺힌다.

2. 성경 인물들의 은사 활용(Biblical Figures)

사도 바울은 전도자와 교회 개척자로서, 복음을 선포하는 설교의 은사를 가지고 있었습니다. 그 은사를 활용하면서 소아시아와 유럽 곳곳에 많은 교회를 세웠습니다. 나아가서 바울은 목회적 지도력의 은사를 발휘하면서, 초대교회들의 교리적 기초를 확립하는 데 기여했습니다.

바나바는 위로의 은사를 가진 '격려자'로서, 초신자였던 바울을 안디옥 교회에 추천해서 동역자로 세워주었습니다. 그러면서 바울이 자신의 역량을 펼칠 수 있도록 도왔습니다. 바나바는 또한 나눔의 은사를 통해서 예루살렘교회에 소유를 기증하면서, 성도들의 실질적인 필요를 채웠습니다.

베드로는 카리스마 있는 리더십과 변증적인 설교의 은사를 통해서 오순절 성령 강림 때 삼천 명의 사람들을 회개와 세례로 인도하는 커다란 열매를 맺었습니다. 또한 베드로는 안디옥교회와 예루살렘교회가 갈등하는 상황에서 중재자의 은사를 발휘하기도 했습니다. 그러면서 유대인 신자들과 이방인 신자들 간의 화합을 이끌어 냈습니다.

디모데는 바울의 충성스러운 동역자이자 가르치는 은사를 가진 목회자였습니다. 그 은사를 펼쳐내면서 소아시아 여러 교회의 목회 현장에서 바울의 사역을 지원하고 다음 세대를 세우는 데 헌신했습니다.

빌립은 복음 전파와 표적 행위의 은사를 통해서 사마리아인들 앞에서 기적을 행하고 말씀을 선포하면서 복음이 확산되도록 도왔습니다.

브리스길라와 아굴라 부부는 일꾼을 세우는 은사를 발휘해서, 아볼로가 더 정확한 복음 이해를 갖추도록 개인적으로 가르쳐 세우는 멘토링을 실행했습니다.

사도 요한은 가르침의 은사와 사랑의 은사를 가지고 요한복음을 기록했고, 나아가서 영원한 생명과 공동체적 사랑의 핵심 진리를 교회에 전수했습니다.

함께 나누어요 ❷

성경 속 인물들이 자신의 은사를 활용한 공통된 목적이 무엇인가요?

① 자신의 명예와 지위를 높이기 위해서
② 교회 공동체를 세우고 복음을 확장하기 위해서
③ 당시 사회적인 문제와 정치적인 문제를 해결하기 위해서
④ 경제적인 부를 축적하기 위해서
⑤ 문화적 예술 활동을 발전시키기 위해서

3. 은사의 다양성(Diversity of Spiritual Gifts)

바울은 모든 은사가 같은 성령 하나님께로부터 왔지만, 각자의 역할은 다양하다고 가르칩니다(고전 12:4-6). 하나님은 각각의 성도들에게 서로 다른 은사를 주셨는데, 이는 교회를 세우고 서로를 섬기게 하기 위한 것입니다(롬 12:6, 엡 4:11). 또한 바울은 은사의 다양성을 교회의 연합을 위한 것이라고 설명하면서, 몸에 많은 지체가 있지만 하나의 몸을 이루듯이 교회도 다양한 은사가 하나로 조화를 이루어야 한다고 강조합니다(고전 12:12-14).

성도는 다른 이의 은사를 비교하거나 시기하지 않고, 모든 은사를 동등하게 귀하게 여기며 서로를 존중하는 태도를 가져야 합니다. 이렇게 은사의 다양성을 인정할 때, 교회 안에 겸손과 연합의 문화가 형성되고, 그에 따라 성령의 역사하심도 더욱 풍성하게 나타납니다. 서로 다른 은사를 가진 지체들

이 함께 존중하면서 봉사할 때, 그 공동체는 더욱 효과적으로 하나님의 사랑을 드러낼 수 있습니다.

함께 나누어요 ❸

다른 사람의 은사를 보고 감탄하게 되는 순간은 주로 언제인가요?

① 내가 어려워하는 일을 누군가가 쉽고 빠르게 해낼 때
② 힘든 일을 묵묵히 섬기는 모습을 볼 때
③ 복잡한 문제를 지혜롭게 해결하는 모습을 볼 때
④ 그가 하나님께 영광을 돌리는 태도를 볼 때
⑤ 자신보다 공동체의 유익을 먼저 생각하며 헌신할 때

함께 나누어요 ❹

내가 잘하지 못하는 영역에서 다른 이의 은사를 인정하는 것이 왜 중요한가요?

① 시기심을 줄이고 겸손을 배울 수 있기에
② 공동체의 연합과 협력을 강화하기에
③ 교회에서 은사를 다양하게 활용할 수 있기에
④ 성령의 역사하심을 경험할 수 있기에
⑤ 하나님의 계획 속에서 서로의 역할이 다름을 깨닫게 되기에

4. 은사 발견 워크숍(Workshop)

은사 발견 워크숍은 성도들이 자신에게 주어진 은사를 체계적으로 이해하고 분별하도록 도와주는 훈련입니다. 이 워크숍을 위해서 교회는 다음과 같은 단계적 과정을 계획할 수 있습니다.

첫째 '워크숍을 위한 사전 준비'입니다. 참가 희망자들에게 온라인 설문과

은사 진단표를 건네면서 그들이 자신이 가지고 있는 잠재적인 은사가 무엇인지를 점검하도록 합니다. 이 과정을 통해서 참가 희망자들은 워크숍에서 다루게 될 실제적인 훈련을 더 의미 있게 받아들일 준비를 갖추게 됩니다.

둘째 '그룹 나눔과 실습'입니다. 워크숍에서 소그룹 토의를 하면서 각자의 경험과 성향을 나누면서, 참가자들이 은사에 대한 통찰을 얻도록 합니다. 서로의 은사가 무엇인지를 테스트하고 피드백을 나누는 실습 과제를 포함시켜서 은사에 대한 이해도를 높입니다.

셋째 '은사에 대한 성경 기반의 가르침'입니다. 목회자나 멘토가 성경 말씀을 중심으로 은사의 본질과 목적을 가르침으로써 참가자들이 은사에 대해서 성경적으로 이해하도록 합니다.

넷째 '은사 프로필 작성'입니다. 참가자들에게 개인별 은사 프로필을 작성하도록 하여서, 자신들의 강점과 성장 과제를 생각해보도록 합니다.

다섯째 '은사 적용 계획 수립'입니다. 소그룹 모임이나 멘토링을 통해서 발견한 은사를 실제 사역에 적용해 보는 "단기 계획"을 세우도록 합니다. 이때 참가자들은 자신의 은사 활용 계획을 발표하고, 공동체는 그들을 위해서 기도하면서 격려합니다.

여섯째 '사역 연결 및 사후 점검'입니다. 교회 사역팀과 연계하여 워크숍 결과가 은사 기반의 사역 기회로 이어질 수 있도록 매칭해 줍니다. 이후에는 정기적인 피드백과 재평가를 통해서 성도들이 자신들의 은사를 지속적으로 개발할 수 있도록 지원합니다.

함께 나누어요 ⑤

은사 발견 워크숍의 궁극적인 목적이 무엇인가요?

① 개인의 성향을 다른 이들과 비교하면서 분석하기 위해서

② 교회의 재정을 관리하기 위해서
③ 성도들이 자신의 은사를 이해하고 교회 사역에 적용하도록 돕기 위해서
④ 교회의 행정 조직을 강화하기 위해서
⑤ 목회자의 리더십을 검증하기 위해서

5. 은사와 봉사(Spiritual Gifts and Service)

하나님께서 성도에게 주신 은사가 교회에서 봉사로 이어질 때 성도의 신앙이 깊어지고, 교회도 건강한 공동체가 됩니다. 자신의 은사가 무엇인지를 발견한 성도는 그 은사가 필요한 사역 분야를 적극적으로 찾아야 합니다. 예를 들어 지도력의 은사를 가진 이는 소그룹의 리더로, 가르침의 은사를 가진 이는 성경 공부 인도자로, 섬김의 은사를 가진 이는 돌봄 사역 등으로 이어질 수 있습니다.

은사에 따라서 봉사에 참여하는 과정은 하나님 나라를 함께 세우는 동역의 실천으로서, 그 안에서 성도는 믿음의 확신과 성숙을 경험하게 됩니다. 정기적인 봉사활동은 나의 은사를 갈고 닦는 훈련의 장으로서, 그 안에서 사역에 필요한 지혜와 기술도 자연스럽게 함께 자라갑니다.

교회는 은사에 기반해서 봉사할 수 있는 자리를 명확하게 제시하면서, 성도들이 자신의 은사를 기쁨으로 활용할 수 있도록 격려해야 합니다. 또한 봉사 후에는 서로의 경험을 나누고 피드백을 주고받는 과정도 필요합니다. 이를 통해 성도는 자신이 하나님께 쓰임 받고 있다는 기쁨과 확신을 얻게 됩니다. 은사와 봉사가 적절하게 매칭될 때, 교회 공동체는 섬김의 기쁨이 충만한 공동체가 됩니다.

함께 나누어요 ❻

나의 은사('개인')가 교회 내의 봉사('공동체')로 이어질 때 나에게 어떤 유익이 주어질까요?

① 행사 사진에 자주 나오게 된다.
② 교회 건물 구조를 잘 알게 된다.
③ 모든 봉사를 혼자서 감당하게 된다.
④ 봉사 후 휴가를 받게 된다.
⑤ 믿음의 확신과 성숙을 함께 경험하게 된다.

6. 봉사의 현실적인 측면(Practical Aspects)

성도는 봉사의 자리에서 기쁨과 감사와 함께 도전과 갈등도 함께 경험하게 됩니다. 예를 들어 음악적 재능을 가지고 찬양팀에서 봉사할 때, 누군가가 은혜받는 모습을 보면서 내가 하나님께 쓰임 받았다는 기쁨을 누릴 수 있습니다. 그러나 때로는 연주의 실수나 음악 스타일의 차이로 인해서 누군가로부터 비판을 듣는 일도 생길 수 있습니다. 사람들로부터 칭찬을 받을 때는 은사가 하나님께로부터 왔음을 기억하면서, 겸손히 하나님께 영광을 돌려야 합니다. 이와 달리 비난을 받을 때는 감정적으로 반응하지 않아야 합니다. 그것을 상대방의 관점을 이해하려는 태도와 함께 나의 봉사를 돌아보는 기회로 삼아야 합니다.

성도는 칭찬과 비난 모두 하나님의 연단 도구가 될 수 있음을 유념하면서, 기도로 마음을 지키면서 중심을 잃지 않아야 합니다. 사람들의 비판 앞에서 '나는 하나님께서 쓰시는 종이라는 정체성'을 굳게 붙들어야 합니다. 또 봉사 중 상처를 받았을 때 동역자와 솔직한 대화를 나누면서 나의 봉사의 목표와 성도들의 기대치를 조율하는 것도 필요합니다.

항상 주님의 시선 아래서 나의 봉사를 돌아보며, 사람들의 반응을 검토하고, 그것을 통해서 배우고자 한다면, 나의 믿음의 성장에 큰 도움이 될 것입니다. 봉사의 현장에서는 반응보다 마음가짐과 태도가 중요합니다. 선한 태도로 봉사에 임할 때, 그리스도의 향기가 드러납니다.

함께 나누어요 ❼

봉사하던 중에 비난을 받을 때 바람직한 반응은 무엇인가요?

① 다른 사람들에게 불만을 퍼뜨린다.
② 즉시 반박하면서 나의 입장을 끝까지 고수한다.
③ 봉사를 중단하고 물러난다.
④ 비난에 즉시 반박한다.
⑤ 감정적으로 반응하지 않고 상대의 관점을 이해하려고 노력한다.

7. 은사의 청지기(Stewardship)

하나님께서는 각각의 성도들에게 고유한 재능과 은사를 위탁하셨습니다. 반복하건대 이것들은 개인의 유익을 위한 것은 아니며, 교회를 세우고 하나님께 영광을 돌리는 데 사용되어야 할 청지기의 자산입니다.

사도 베드로는 "각각 은사를 받은 대로 하나님의 여러 가지 은혜를 맡은 선한 청지기 같이 서로 봉사하라"고 권면했습니다(벧전 4:10). 우리가 받은 은사는 하나님의 은혜를 드러내는 도구입니다. 은사를 가지고 신앙 공동체를 섬기는 삶이 선한 청지기의 삶입니다.

예수님도 달란트 비유에서(마 25:14-30) 맡겨진 재능을 감추지 않고 적극적으로 사용한 종을 칭찬하시고 보상하셨습니다. 이것은 성도에게 나의 재능을 방치하지 말고 하나님의 뜻에 따라서 활용해야 함을 깨닫게 해 줍니다. 은사는 정체된 채 방치되는 것이 아니라, 기도와 말씀 묵상 속에서 하나님의 뜻에 따라서 계발되어야 합니다. 은사가 하나님께서 맡기신 귀한 자산이기에, 성도는 신실한 청지기처럼 책임 있게 사용하고 발전시켜야 합니다.

성도가 자신의 재능과 은사를 하나님의 뜻에 따라서 사용할 때, 그것이 하나님께는 영광이 되고 다른 믿음의 지체들에게는 기쁨이 되며 이웃에게는 축복이 흘러가는 통로가 됩니다. 각각의 은사들이 하나님의 영광과 공동체의 유익을 위해서 조화롭게 사용될 때, 참된 청지기의 사명이 완수됩니다.

함께 나누어요 8

교회에서 여러 은사들이 잘 어우러지기 위해서, 어떤 태도가 필요할까요?

① 서로의 은사를 인정하고 칭찬하는 분위기를 만들어낸다.
② 다른 이의 은사를 존중하면서 배우겠다는 열린 마음을 갖는다.
③ 작은 의견 차이도 대화로 풀어가는 겸손한 태도를 취한다.
④ '내 것'보다 '우리 것'을 우선시하는 협력 정신이 필요하다.
⑤ 서로 격려하며 함께 성장하려는 마인드가 필요하다.

8. 잘못된 은사 사용과 균형 잡기(to Balance)

성도는 하나님께 받은 은사를 올바르게 사용해야 합니다. 그러나 때로는 자신의 은사를 과시하거나 타인의 그것과 비교하면서 교회 안에서 불필요한 경쟁과 갈등을 일으킬 때가 있습니다. 은사의 외적인 모습에만 집착하기 때문입니다. 이렇게 되면 사랑과 섬김이라는 은사의 본질이 흐려질 수 있습니다.

누군가가 나의 은사 사용에 대해서 조언을 하거나 쓴소리를 할 때, 방어적으로 반응하지 말고 그 속에 담긴 의미를 분별하려는 태도를 취해야 합니다. 만약 나의 은사 사용이 하나님의 뜻과 어긋난다고 느껴질 경우, 즉시 멈추고 기도로 점검하면서 방향을 수정해야 합니다.

은사를 건강하게 사용하려면 성경 말씀과 기도로 꾸준한 자기 점검을 해야 합니다. 동역자의 피드백을 겸손히 수용하는 것도 지혜입니다. 필요하다면 잠시 사역을 내려놓고 영적-정서적 회복의 시간을 갖는 것도 괜찮습니다.

성도는 은사 사용의 목적이 하나님께 영광을 돌리고, 공동체를 유익하게 하는 것임을 잊지 않아야 합니다. 다시금 섬김의 중심을 바로 세우면서 성령의 인도하심을 구할 때, 은사는 교회 공동체를 더욱 견고하게 세우는 토대가 됩니다.

함께 나누어요 ❾

은사를 잘못 사용하는 대표적인 모습에 무엇이 있나요?

① 타인과 비교하면서 경쟁과 갈등을 일으키는 것
② 다른 사람의 은사를 격려하는 것
③ 자신의 은사를 자랑하거나 우월감에 빠지는 것
④ 은사를 주신 하나님께 항상 감사하는 마음을 품는 것
⑤ 새로운 은사에만 관심을 갖는 것

함께 나누어요 ❿

은사 활용에 있어서 가장 중요하게 여겨야 하는 가치가 무엇인지를 생각해 보시기 바랍니다.

성경 공부를 마치며

지금까지 "은사와 봉사"라는 주제로 성경 공부를 하였습니다. 성경 공부를 통해서 깨달은 점이나 마음에 남은 은혜나 새롭게 얻은 통찰을 간단하게 적어 보시기 바랍니다. 이 기록이 앞으로 하나님과 함께 걸어갈 믿음의 여정을 새롭게 준비하는 소중한 흔적이 될 것입니다.

예시

하나님께서 나에게 주신 은사가 얼마나 귀한 자산인지를 깨닫게 되었습니다. 그리고 각자의 은사가 다르지만, 그것들을 가지고 봉사하면서 교회를 세울 때 진정한 의미가 창출된다는 점이 큰 도전이 되었습니다. 앞으로 나의 은사를 더 잘 이해하고 균형 있게 사용하면서, 깊은 섬김의 삶을 살아가고 싶다는 마음이 생겼습니다.

성경 공부를 통해서 얻은 통찰 메모하기

2부

신앙
공동체

8과. 성례전

8과. 성례전

학습 포인트

1. 성례전의 본질과 신학적 배경을 깊이 있게 이해하도록 한다.
2. 세례와 성찬의 절차와 상징적 의미를 알도록 한다.
3. 세례가 신앙 공동체의 정식 일원으로 인정받는 관문임을 알게 한다.
4. 성례전 준비의 중요성과 성례전을 위한 중보기도의 중요성을 알게 한다.

성례전은 보이지 않는 하나님의 은혜를 눈에 보이는 방식으로 경험케 하는 거룩한 신앙의 통로입니다. 개신교 전통은 세례와 성찬을 성도에게 주신 성례전으로 받아들입니다. 세례와 성찬은 예수 그리스도의 명령에 따라 교회 공동체 안에서 반복적으로 행해지며, 신자의 정체성과 신앙 여정에 도움을 줍니다. "19 그러므로 너희는 가서 모든 민족을 제자로 삼아 아버지와 아들과 성령의 이름으로 세례를 베풀고 20 내가 너희에게 분부한 모든 것을 가르쳐 지키게 하라 볼지어다 내가 세상 끝날까지 너희와 항상 함께 있으리라 하시니라"(마 28:19-20). 교파마다 성례전에 대한 이해와 형식에 차이가 있지만, 그 중심에 하나님의 은혜에 대한 깊은 응답이 자리하고 있습니다. 교회는 성례전에 참여하는 자와 집례하는 자, 이를 위해 기도하는 자까지, 모두가 함께 협력하여서 이 거룩한 은혜의 순간을 믿음 안에서 잘 준비해야 합니다.

1. 개신교와 가톨릭의 성례전 비교(to Compare)

개신교는 세례와 성찬만을 성례전으로 인정하며, 이를 예수 그리스도께서 직접 제정하신 거룩한 행위로 봅니다. 개신교는 성례전을 말씀을 보조하는 상징적인 은혜의 수단으로 이해되기에, 예전(liturgy)은 단순하게 말씀 중심으로 진행됩니다. 세례와 성찬 모두 믿음의 고백과 함께 이루어지는 그리스도와의 연합을 상징합니다. 개신교에서는 구원의 효력이 의식 자체가 아니라 하나님의 은혜와 인간의 믿음에 달려 있음을 강조합니다. 그렇기 때문에 개신교의 성례전은 말씀 선포를 중심에 두고 진행되며, 신자가 설교와 성례를 통해서 하나님의 은혜를 직접 경험하도록 돕는 데 초점을 맞춥니다.

가톨릭은 7가지 성례전(세례성사, 견진성사, 성체성사, 고해성사, 혼인성사, 병자성사, 성품성사)을 공식적으로 채택합니다. '세례성사'(Baptism)는 원죄를 씻고 교회의 일원으로 새롭게 태어나게 하는 첫 성례입니다. '견진성사'(Confirmation)는 성령의 은혜를 강화하고 신앙을 성숙하게 하는 성례입니다. '성체성사'(Eucharist)는 빵과 포도주를 실제로 그리스도의 몸과 피로 받아 취하는 성례입니다. '고해성사'(Penance)는 사제에게 죄를 고백하고 사죄의 은총을 받는 성례입니다. '혼인성사'(Matrimony)는 부부가 성스러운 언약을 맺고 하나님의 은혜로 가정을 세우는 성례입니다. '병자성사'(Anointing of the Sick)는 병든 이를 위로하고 그에게 영적 치유를 주는 성례로서, 죽음의 준비 단계에서 갖는 성례입니다. '성품성사'(Holy Orders)는 사제가 되어 교회를 섬기도록 축성을 받는 성례입니다.

가톨릭은 인간의 출생에서 성장, 치유와 봉헌에 이르기까지, 전 생애의 모든 단계마다 성례를 통해서 하나님의 은총이 전달된다고 믿습니다. 특히 성체성사에서 빵과 포도주가 실질적으로 그리스도의 몸과 피로 변화한다는 '화체설'을 고백하면서, 그리스도의 실제적 현존을 강조합니다. 가톨릭은 7가지 성례전을 체계적으로 운영하여서, 신자의 출생에서부터 성숙과 치유와 봉헌에 이르기까지 전 생애를 아우르는 포괄적인 신앙 여정을 지원합니다.

함께 나누어요 ❶

개신교에서 세례와 성찬을 '그리스도와의 연합'으로 이해하는 입장의 유익한 점이 무엇인가요?

① 성례가 나의 자격을 증명해 주는 유익

② 의식의 외적 화려함을 경험하는 유익
③ 예수 그리스도에 대한 믿음을 견고하게 하는 유익
④ 신앙생활의 부담을 줄이는 유익
⑤ 예배 횟수를 줄이는 유익

함께 나누어요 ❷

개신교와 가톨릭 모두 성례전을 통해서 궁극적으로 추구하는 공통된 목적은 무엇인가요?

① 교회 전통을 유지하는 것
② 교세를 확장하는 것
③ 종교적 차별성을 강조하는 것
④ 하나님께 영광을 돌리고 신자의 믿음을 세우는 것
⑤ 교회 내 직분 체계를 강화하는 것

2. 세례가 무엇인가?(Baptism)

개신교는 세례를 예수 그리스도께서 명하신 순종의 행위로 이해하며, 신자가 그리스도와 연합했음을 상징하는 신앙고백의 표지(sign, '외적 상징')로 봅니다. "3 무릇 그리스도 예수와 합하여 세례를 받은 우리는 그의 죽으심과 합하여 세례를 받은 줄을 알지 못하느냐 4 그러므로 우리가 그의 죽으심과 합하여 세례를 받음으로 그와 함께 장사되었나니…"(롬 6:3-4상). 세례는 그리스도와 함께 죽고 새 생명으로 태어났음을 상징하며, 예수님의 보혈로 죄 씻음을 받았다는 사실을 여러 사람들 앞에서 공적으로 선포하는 예식입니다.

또한 세례를 성령께서 죄인 안에 거하시는 새 삶의 시작으로 이해합니다. 이러한 이해를 바탕으로, 교회는 세례식을 가지면서 신자를 교회 공동체의 한 지체로 세워서 신자로서의 책임과 사명을 공유하도록 이끌어야 합니다(고전 12:13). 나아가서 세례를 하나님과 신자 사이에 맺은 새 언약의 표징으로 이해합니다. 이러한 이해를 바탕으로, 교회는 세례를 받은 신자를 세상과 구별된 거룩한 삶을 살아가도록 도와야 합니다(벧전 2:9). 개신교는 세례를 평생 이어질 믿음의 여정과 헌신의 출발점으로 이해합니다.

함께 나누어요 ❸

세례를 '신앙고백의 표지'라고 할 때, 이것이 어떤 의미를 가질까요?

① 내가 예수 그리스도와 연합했음을 외적으로 드러내는 표시
② 죄 사함과 새 생명 얻음을 공동체 앞에서 선포하는 예식
③ 성령 안에서 새로운 삶이 시작되었음을 나타내는 증표
④ 교회 공동체의 한 지체로서 책임과 사명을 공유하게 하는 약속
⑤ 세상과 구별된 거룩한 삶을 살기로 다짐하는 언약의 표징

3. 성찬이 무엇인가?(Lord's Supper)

개신교의 성찬('성만찬')은 예수 그리스도께서 최후의 만찬에서 제자들에게 "이를 행하여 나를 기념하라"고 명하신 말씀에 기초합니다(눅 22:19). 떡은 그리스도의 몸을 의미하고 포도주는 그분의 피를 의미합니다. 신자는 성찬을 통해서 그리스도의 희생을 기억하면서 그분께 감사를 표합니다(눅 22:19-20).

또한 개신교는 성찬을 죄 사함과 새 언약을 확증하는 은혜의 표지로 이해합니다. 신자는 성찬을 통해서 그리스도의 몸 된 공동체('교회')와 하나 됨을 경험합니다(고전 10:16-17). 또한 성찬에 참여하면서 신자는 그리스도와 영적 교제를 나누고, 그분의 재림을 소망하고 미래의 영광스러운 만찬까지를 소망하게 됩니다(요일 3:2). 신자는 믿음으로 성찬에 참여하면서 복음의 능력을 새롭게 체험하고 은혜와 감사의 삶을 회복할 수 있습니다.

함께 나누어요 ❹

성찬을 통해서 교회 공동체가 하나 됨을 경험한다는 것은 어떤 의미인가요?

① 그리스도의 한 몸 안에서 서로가 지체임을 확인하는 것
② 믿음 안에서 서로를 형제자매로 인정하며 존중하는 것
③ 복음의 은혜를 함께 기억하고 감사의 마음을 나누는 것
④ 재림과 장차 누릴 영광스러운 잔치를 함께 소망하는 것
⑤ 성찬 후 함께 먹는 점심 식탁에서 은혜와 반찬을 골고루 나누는 것

4. 올바른 세례 교육(Baptismal Instruction)

개신교는 세례 교육을 신자가 세례의 성경적인 의미와 배경을 올바르게 이해하도록 돕는 과정으로 이해합니다. 교육을 통해서 세례가 단순히 물을 가지고 치르는 의식이 아니라, 그리스도와 연합하여 새 생명을 얻었음을 상징하는 표지가 됨을 분명하게 가르쳐야 합니다.

세례가 구원의 수단(means)이 아니라 믿음의 고백을 통해서 성도의 신분이 변화되었음을 나타내는 의식인 것을 가르쳐야 합니다. 나아가서 교육 과정에서 신약 교회의 사례를 통해서 세례가 공동체적 사명과 책임을 동반함을 가르칠 필요가 있습니다.

세례 교육 시, 신자로 하여금 자신의 죄 사함의 은총과 새 언약의 은혜를 확신케 하면서 고백할 준비를 갖추도록 합니다. 또한 세례받은 이가 하나님의 자녀로서 거룩한 삶을 살아갈 각오를 세우도록 인도해야 합니다. 세례가 평생 이어질 신앙 여정의 출발점임을 인식시키면서, 교회는 이를 위해서 충분한 교육과 안내를 제공하여 세례자의 권리와 책임을 바로 세워야 합니다.

함께 나누어요 ❺

세례식 후에 '하나님의 자녀로서 거룩한 삶을 산다는 것'이 어떤 것을 의미하나요?

① 말씀과 기도로 매일 하나님과 교제하며 그분의 뜻을 따라 사는 것
② 삶 속에서 정직과 사랑을 실천하며 복음을 전하는 것
③ 교회 공동체 안에서 섬김과 나눔을 기쁨으로 감당하는 것
④ 세상 속에서 믿음의 본을 보이며 어두움 가운데 빛과 소금이 되는 것
⑤ 주일예배에 늦지 않기 위해 알람을 맞춰놓고 토요일 밤에 일찍 자는 것

5. 세례식을 마친 후의 신앙 성장 훈련(Spiritual Growth Training)

세례를 받은 성도는 예수 그리스도와 연합된 자입니다. 따라서 그의 믿음을 성숙한 믿음으로 인도해야 하는 과제가 교회 공동체에게 주어집니다. 교회는 세례식을 마친 후에 소그룹 제자훈련을 운영하면서, 그가 성경 읽기와 기도 생활을 일상화하도록 도와야 합니다.

훈련 프로그램에는 성경 공부와 기도 파트너 매칭과 영적 성장 체크리스트 작성 등의 실천 과제가 포함되어야 하고, 목회자나 성숙한 성도가 일대일 면담을 하면서 그의 영적 상태를 점검하고 조언을 제공해야 합니다. 또한 교회의 봉사활동이나 소그룹 리더십 경험을 하도록 함으로써, 거기서 배운 내용을 삶 속에서 실천할 기회도 주어야 합니다. 그리고 성장 훈련 마무리 시, 성경 암송과 간증 발표 등을 통해서 믿음의 성장 과정을 나누도록 하는 것도 바람직합니다.

교회는 세례자 신앙 훈련 기간 중에 정기 기도회와 중보기도 팀을 운영하면서, 세례자의 성장을 함께 지원해야 합니다. 훈련을 마친 후에는 교회에서 봉사를 하거나 누군가를 위해서 멘토 역할을 감당하도록 함으로써, 그가 건강한 믿음 위에 세워지도록 인도해야 합니다.

함께 나누어요 ❻

세례를 받은 성도가 또 다른 믿음의 성장 훈련을 받아야 하는 이유가 무엇인가요?

① 하나님과 깊은 관계로 나아가기 위해서

② 말씀과 기도의 습관을 삶 속에 뿌리내리기 위해서

③ 교회와 세상 속에서 그리스도의 향기를 전하는 일꾼으로 세워지기 위해서

④ 위기를 맞았을 때 믿음을 지키는 영적 분별력을 키우기 위해서

⑤ 봉사할 때 '초보 티'를 덜 내면서, 믿음의 체력을 업그레이드하기 위해서

6. 세례 교육 교재 제작(Class Workbook)

교단에서 제공하는 세례 문답집은 피교육자에게 세례와 관련해서 여러 교리적인 내용을 제시하는 유익한 점을 지닙니다. 교단의 세례 문답집을 활용하면서, 교회는 교회별 문화와 성도의 이해 수준을 고려해서 '맞춤형 세례 교육 교재'를 제작해야 합니다. 자체적으로 제작하는 교재에 교회의 예전 절차와 교육 일정과 담당자 역할을 구체적으로 표기해서, 신자가 혼란 없이 세례 교육을 받을 수 있도록 합니다. 또한 교육 교재에 교회 고유의 사례와 간증을 삽입해서 세례의 의미를 실재적으로 느끼게 하고, 연령대별로 학습 목표와 질문과 토론 활동 등을 차별화하는 것도 바람직합니다.

교재의 디자인에 교회 로고를 넣음으로써 소속감을 높이고, 교재의 내용에 필수 성경 구절과 함께 담임목사의 설교와 교회의 소그룹 활동들을 소개하는 것도 좋습니다. 교재에 퀴즈나 그림 카드나 역할극 같은 참여형 콘텐츠를 넣어서 학습의 흥미를 높이고, 강의 가이드와 예상 질문 답변을 부록으로 제공해서 가르치는 이들이 현장에서 쉽게 활용할 수 있도록 합니다.

함께 나누어요 ⑦

교회별로 세례 교육 교재를 따로 제작해서 교육할 때의 장점은 무엇인가요?

① 우리 교회 상황과 문화에 맞는 맞춤형 교육이 가능하다.
② 성도들이 더 쉽게 공감하고 이해할 수 있다.
③ 세례 교육을 진행하면서 교회 비전과 가치관을 전할 수 있다.
④ 반복 교육 시 통일성과 체계성이 높아진다.
⑤ 새 가족이 교회의 정체성을 빨리 익히게 된다.

7. 성례식 집례자 매뉴얼 제작(to Prepare a Manual)

성례식을 집례하는 목회자는 매뉴얼에 따라서 예식 순서와 기도문과 성경 본문을 정확히 숙지해야 합니다. 매뉴얼에는 성찬 전후 준비 절차와 인도자의 위치와 동선 그리고 찬송과 기도 전환 타이밍 등이 구체적으로 표기되어야 하며, 이를 통해서 예식이 원활하게 진행되도록 해야 합니다.

또한 발성 지침과 호흡 조절을 함으로써 성례식 시 경건한 분위기를 유지하도록 돕는 내용을 표기해야 합니다. 또한 떡과 잔의 분배와 수거 그리고 기구 정리까지 단계별 지침을 세세히 표기해야 합니다. 그리고 매뉴얼에 집례자의 말씀 선포의 의미와 성찬 기도의 신학적 의미를 표기하는 것도 중요합니다. 나아가서 성도들이 예식에 적극적으로 참여하도록 예고문과 찬송 인도 시점도 표기하는 것도 바람직합니다.

매뉴얼에 성례식 중 돌발 상황 대처 방안을 포함시키고, 정기적인 검토와 피드백을 반영하면서 매뉴얼을 보완한다면 예전의 은혜가 더욱 풍성해집니다. 이렇게 함으로써 목회자의 부담을 덜고 성도들이 일관된 경건함 속에서 성례의 은혜를 누릴 수 있습니다.

함께 나누어요 ❽

성례식을 집례하는 목회자가 매뉴얼을 숙지해야 하는 이유가 무엇일까요?

① 성례의 의미를 바르게 전달하여 하나님께 영광을 돌리기 위해서
② 예식이 질서 있고 흐름성 있게 진행되도록 하기 위해서
③ 돌발 상황에 당황하지 않고 차분하게 대처하기 위해서
④ 성찬 중에 잔을 엎지르거나 빵을 떨어뜨리는 사고를 방지하기 위해서
⑤ 예식 중 성경 본문을 깜빡 잊고 엉뚱한 구절을 읽는 황당한 해프닝을 막기 위해서

8. 성례전을 위한 중보기도(Intercessory Prayer)

성례전을 앞두고 한두 주 전부터 임시 중보기도팀을 조직하여 성례전을 위한 기도 제목과 성례전 일정을 공유하도록 합니다. 중보기도팀은 집례자와 준비팀 그리고 성도들의 회개와 경건한 참여를 위해서 매일 정해진 시간에 기도합니다. 필요할 경우에는 중보기도자들이 임시 모임을 가지면서 중보기도의 방향을 새롭게 잡아가는 것도 괜찮습니다.

중보기도자들은 성례식과 관련된 말씀을 묵상하고 기도 노트에 자신이 중보기도한 내용을 기록합니다. 또한 온라인 중보기도방을 운영함으로써 더 많은 성도가 중보기도에 참여할 수 있도록 합니다. 중보기도팀 리더는 매 모임마다 묵상 자료를 준비하고 기도회를 인도하면서 성례식을 마칠 때까지 경건한 기도의 흐름을 유지하도록 합니다. 성례전을 마친 후에는 간증하는 시간을 마련해서 중보기도의 응답을 나누고 감사하는 시간을 갖습니다.

함께 나누어요 ❾

성례전을 위해서 중보기도를 하는 이유가 무엇인가요?

① 성례전이 하나님의 은혜가 강물같이 흘러가는 예전이 되도록 하기 위해서

② 성례전이 경건한 의식이 되도록 하기 위해서
③ 성례전이 혼란 없이 진행되도록 하기 위해서
④ 성례전 준비 과정의 빈틈을 채우려고
⑤ 성례 시 돌발 상황을 미리 막으려고

함께 나누어요 ⑩

우리 교회가 성례전 시 더 풍성한 은혜를 체험하기 위해서 보완해야 할 점이 무엇이라고 생각하시나요?

성경 공부를 마치며

지금까지 "성례전"이라는 주제로 성경 공부를 하였습니다. 성경 공부를 통해서 깨달은 점이나 마음에 남은 은혜나 새롭게 얻은 통찰을 간단하게 적어 보시기 바랍니다. 이 기록이 앞으로 하나님과 함께 걸어갈 믿음의 여정을 새롭게 준비하는 소중한 흔적이 될 것입니다.

예시

성례전이 하나님의 은혜를 실제로 경험하는 거룩한 통로임을 깨달았습니다. 세례와 성찬이 신자의 정체성과 공동체적 사명을 되새기게 하는 귀한 은혜의 자리임을 다시금 인식하게 되었고, 성례식을 준비하고 참여하는 모든 과정이 경건함 안에서 이루어져야 한다는 가르침도 인상적이었습니다. 앞으로는 성례식에 더욱 진지하게 참여하면서, 그 은혜를 삶의 변화로 연결시키는 성숙한 신자가 되겠습니다.

성경 공부를 통해서 얻은 통찰 메모하기

3부

신자의 사명과 종말론적 삶

9과. 신자의 사명

1. 신자의 사명이 무엇인가?
2. 신자의 사명 발견하기
3. 사명을 위한 신앙적 가치관 정립
4. 사명을 위한 영성 훈련
5. 사명과 은사의 계발
6. 사명 동역자 확보
7. 사명 실천의 장애물과 극복 방안

9과. 신자의 사명

학습 포인트

1. 신자의 사명이 세상에서의 삶의 자리와 연결됨을 알도록 한다.
2. 사명을 감당하기 위해서 은사 계발과 동역이 필요함을 알도록 한다.
3. 신앙 가치관과 영성 훈련이 사명의 기초가 됨을 배운다.
4. 사명 실천의 장애물을 어떻게 극복할지를 구체적으로 살펴보도록 한다.

신앙인들은 구원의 확신을 가슴에 품고 하나님께서 주신 사명을 발견하고 실천하는 삶으로 나아가야 합니다. 하나님은 당신의 부르심을 존중하는 모든 신자들에게 사명을 위탁하셨습니다. 신자는 그 사명을 감당함으로써 하나님 나라의 일에 동참하게 됩니다. “그러므로 주 안에서 갇힌 내가 너희를 권하노니 너희가 부르심을 받은 일에 합당하게 행하여”(엡 4:1). 사명을 감당하려면 먼저 올바른 신앙적 가치관과 영성을 갖춰야 합니다. 자신의 은사를 발견하고 계발해 나가는 과정도 필요합니다. 또한 사명을 혼자서 이룰 수 없기에, 마음과 생각을 함께 나눌 동역자를 찾고 협력하는 지혜도 요구됩니다. 때로는 현실적인 장애물도 있는 것이 사실이지만, 믿음과 훈련과 인내를 통해서 여러 어려움들을 극복해 나가야 합니다. 그럴 때 신자의 사명이 구체적인 삶의 열매로 드러납니다

1. 신자의 사명이 무엇인가?(Mission)

신자의 사명은 세상 속에서 하나님의 뜻을 이루는 삶을 의미합니다. 이 사명은 교회 안에서의 봉사에 국한되지 않고, 일상과 사회 각 영역에서 하나님의 사랑과 진리를 드러내며 세상을 변화시키는 책임적인 삶을 가리킵니다.

사명은 신자가 처한 삶의 자리와 깊은 관련이 있습니다. 예를 들어 나의 삶의 자리가 사랑이 결핍되어 있다면 그 자리를 사랑으로 채우는 것, 시기와 질투와 비난이 가득한 곳이라면 그 분위기를 존중과 배려로 바꾸는 것, 이 모든 것이 신자에게 주어진 사명입니다.

신자의 사명의 자리는 가정과 직장과 이웃과 사회 등, 자신이 살아가는 모든 삶의 현장입니다. 그곳에서 사랑과 의로움과 평강과 존중과 배려와 자비와 긍휼과 기쁨 등, 하나님 나라에 속하는 여러 가치들을 실천하고 구현하는 것이 신자의 사명입니다.

함께 나누어요 ❶

세상('삶의 자리')에서 신자가 사명을 감당한다는 것이 무엇을 의미할까요?

① 가정과 직장과 사회에서 하나님의 사랑과 진리를 드러내는 것
② 내가 자리하는 곳에 존중과 배려, 평강과 기쁨의 문화를 세우는 것
③ 세상에서 하나님 나라의 가치를 행동으로 실천하는 것
④ 엘리베이터에서 먼저 인사하고 버튼도 대신 눌러주는 것
⑤ 사랑과 의로움을 전하려고 '미소 전파 요원'이 되는 것

2. 신자의 사명 발견하기(to Discover a mission)

사명을 발견함에 있어서, 신자는 먼저 내가 무엇을 잘하는지에 주목해야 합니다. 자신의 은사와 재능과 관심사와 강점이 무엇인지를 정확하게 알고 있어야 합니다. 나에게 있는 것을 활용하면서 나의 삶의 자리에 하나님 나라를 어떻게 구현할 수 있는지를 고민해야 합니다. 기도하면서 하나님께서 원하시는 사명의 방향을 분별하면서 찾아가야 합니다. 이때 교회 공동체 안에서 영적 지도자에게 조언을 구하면서 사명의 방향성을 찾아갈 수도 있습니다.

신자의 사명 발견에 있어서 또 하나 중요한 것이 나의 삶의 자리를 정확하게 진단하는 것입니다. '하나님 나라의 관점에서 봤을 때 그곳에 무엇이 결핍되어 있는지를 진단하는 것!' 이것이 사명 발견에 있어서 중요한 핵심이 됩니다. 나의 삶의 자리에서 결핍된 하나님 나라의 가치를 채우기 위해서는 작은 실천부터 시작하는 것이 중요합니다. 이를 위해 신자는 자신의 은사와 강점을 활용하여 구체적인 행동 계획을 세울 수 있습니다. 이러한 과정 속에서 사명은 점차 구체화되고, 신자의 삶의 영역에 하나님 나라의 가치가 스며들게 됩니다.

사명은 단번에 완성되는 것이 아니라 지속적인 자기 점검을 통해서 완성시켜 가는 여정입니다. 발견한 사명을 감당하고 발전시켜 나가면서, 신자는 그가 머무는 곳에 하나님 나라의 여러 가치들을 구현할 수 있습니다.

함께 나누어요 ❷

신자가 사명을 발견한다는 것이 무엇을 의미하나요?

① 나의 은사와 강점을 파악해서 내가 자리하는 곳에 하나님 나라를 세우는 방법을 찾는 것

② 내 삶의 자리에서 부족한 하나님 나라의 가치를 발견하고 채우는 것

③ 기도와 영적 조언을 통해서 사명의 방향을 찾는 것

④ 하나님 나라 확장을 위해서 나 자신을 드리겠다는 출발점

⑤ 자신의 일상을 하나님 나라를 위한 사명의 자리로 받아들이는 것

3. 사명을 위한 신앙적 가치관 정립(Faith-Based Value System)

교회는 주제별 교육을 준비해서 신자들이 복음 중심의 가치관을 세우도록 도와야 합니다. 건강한 가치관의 정립은 신자가 세상에 나가서 자신의 사명을 감당하는 데 있어서 주춧돌의 역할을 합니다. 신자는 교육을 통해서 하나님 나라에 속하는 신앙적 가치관을 폭넓게 정립할 수 있습니다.

교육 과정에서 먼저 신자에게 신앙생활의 우선순위와 교회의 핵심 가치가 무엇인지를 가르칩니다. 교육 커리큘럼에 정기적으로 토론 시간을 포함시켜서 교육을 받는 이들이 서로의 가치관을 점검하도록 합니다. 그리고 교육 중에 사명에 관한 실제 사례를 제시해서 신자들의 신앙적 가치관이 일상의 선택과 행동으로 이어지도록 격려하는 것도 중요합니다. 또한 교육 과정에서 윤리적 이슈와 사회적 이슈를 함께 다루면서, 성도들에게 시대적 도전에 대응할 수 있는 바른 가치관을 심어주는 것도 바람직합니다.

이러한 교육 과정을 통해서 신자들은 넓고 건강한 가치관을 형성할 수 있습니다. 이렇게 확립된 가치관이 신자에게 자신의 사명에 흔들림 없이 헌신하도록 방향성을 제시하는 근본 토대가 됩니다.

함께 나누어요 ❸

신자가 사명을 감당함에 있어서, 먼저 신앙적 가치관을 정립해야 하는 이유가 무엇일까요?

① 세상 속에서 하나님 뜻에 맞는 사명을 감당하기 위해서
② 사명 감당의 방향과 기준을 잃지 않기 위해서
③ 사명을 감당하는 중에 시대의 유혹과 거짓 가치관에 흔들리지 않기 위해서
④ 인생의 '영적 나침반'을 정확히 맞추기 위해서
⑤ 사명을 완수함으로써 '천국 직행 티켓'을 움켜잡기 위해서

4. 사명을 위한 영성 훈련(Spiritual Training)

신자의 사명 감당에 있어서 영성 훈련이 빠지면 안 됩니다. 교회는 신자가 신앙 영성을 키워가도록 시의적절한 영성 훈련을 제공해야 합니다. 영성 훈련에서 다음의 몇 가지가 중요한 주안점이 됩니다. 첫째 '정기적인 공예배 참

석 권유'입니다. 신자에게 공예배는 하나님의 임재 안에서 마음을 새롭게 하고 사명을 재확인하는 장입니다.

둘째 '영적 일기 쓰기'입니다. 영적 일기 쓰기는 일상의 영적 경험을 기록하고 돌아보면서, 하나님과의 관계를 점검케 하는 효과적인 방법입니다.

셋째 '성경 암송과 말씀 묵상'입니다. 말씀 암송과 묵상은 신자가 삶에서 어려움을 만났을 때 말씀으로 힘을 얻고 믿음을 붙잡게 합니다.

넷째 '소그룹 모임'입니다. 소그룹 모임을 통해서 신자들은 서로의 신앙을 나누고 격려하면서 영적 성장을 도모할 수 있습니다.

다섯째 '중보기도 훈련'입니다. 중보기도의 훈련은 신자에게 공동체와 세상을 향한 하나님의 마음을 배우고, 사명의 범위를 확장하는 기회를 제공합니다.

여섯째 '영성 수련회'입니다. 영성 수련회를 가짐으로써 일상의 분주함을 멈추고 하나님께 집중하는 시간을 갖도록 합니다. 그러면서 신자로 하여금 자신의 사명에 대한 새로운 비전을 얻게 합니다.

이러한 영성 훈련들은 신자가 세상에 나가서 사명을 흔들림 없이 감당하도록 하는 데 있어서 든든한 영적 기초가 됩니다.

함께 나누어요 ❹

신자가 세상에서 사명을 감당할 때 영성 훈련을 게을리하지 않아야 하는 이유가 무엇인가요?

① 하나님과의 관계를 깊게 하고 순간순간 사명을 재확인하기 위해서
② 말씀과 기도로 어려움을 이길 힘을 얻기 위해서
③ 공동체 안에서 서로 격려하며 성장하기 위해서

④ '영적 근육'을 키워서 사명의 무게를 거뜬히 지기 위해서
⑤ 사명 완수까지 '영적 배터리'가 방전되지 않게끔 충전하기 위해서

5. 사명과 은사의 계발(Mission and Spiritual Gift Development)

신자가 세상에 나가서 사명을 감당하기 위해서는 자신의 은사를 발견하고 계발하는 과정이 필수적입니다. 은사는 하나님께서 맡기신 사명을 효과적으로 수행하기 위한 '영적 도구'입니다. 먼저 신자는 기도와 말씀 묵상을 통해서 하나님의 인도하심을 구하면서, 자신에게 주신 은사가 무엇인지를 깊이 탐색해야 합니다.

교회는 성경적 은사 테스트를 통해서 신자들이 돌봄과 가르침과 봉사 등, 자신의 은사가 무엇인지를 확인하고 발전시키도록 도와야 합니다. 직장과 가정과 지역사회 등, 다양한 삶의 현장에서 은사를 어떻게 활용할지를 구체적으로 계획하고 실천할 수 있도록 신자를 격려해야 합니다.

은사를 계발하고 활용하면서 더 큰 기쁨과 능력을 경험하게 됨으로써, 신자는 삶의 자리에서 사명을 지속적으로 감당할 수 있습니다. 하나님께서 주신 은사를 적극적으로 계발하고 활용할 때, 사명의 열매가 더욱 뚜렷하게 드러납니다. 이처럼 은사와 사명이 올바로 연결될 때, 신자는 하나님 나라 확장의 귀한 도구로 쓰임 받는 복된 삶을 살아가게 됩니다.

함께 나누어요 ❺

가정이나 직장에서 은사를 활용하면서 사명을 감당할 때, 그 목적을 어디에 두어야 할까요?

① 환경을 바꾸는 것에 목적을 둔다.
② 의지력과 결단력을 키우는 것에 목적을 둔다.

③ 유혹을 무시하는 것에 목적을 둔다.
④ 유혹을 즐기는 것에 목적을 둔다.
⑤ 주님의 뜻이 이루어지는 것에 목적을 둔다.

6. 사명 동역자 확보(Gathering Faithful Partners)

신자는 사명 감당을 위해서 동역자를 필요로 합니다. 각각의 신자들은 그 삶의 자리가 다르지만, 사명을 감당하면서 하나님 나라의 가치를 구현한다는 구심점을 가지고 있습니다. 그렇기에 각자의 자리에서 사명을 감당하다가 느끼는 어려움이나 고민이나 갈등 같은 것에 공감대를 가질 수 있습니다. 신자들의 사명 동역자 확보를 위해서, 교회는 신자들의 형편과 사정과 상황을 고려하면서 소그룹으로 연결해 주어야 합니다. 그러면서 서로 협력할 수 있는 장을 마련해 주어야 합니다.

그렇게 모임을 갖게 된 사명 동역자들은 정기적인 만남과 소통을 통해서 서로 격려하고 중보기도로 영적 유대감을 강화할 수 있습니다. 또한 정직한 피드백과 성경 공부와 토의를 통해서, 각자의 사명 실천 전략을 명확하게 다듬어 갈 수 있습니다. 이렇게 형성된 동역자들은 신자에게 든든한 힘이 되어서 사명을 지속적으로 감당하도록 하는 힘이 됩니다. 이러한 동역 관계는 세상에 하나님 나라를 확장시키는 견고한 발판이 됩니다.

함께 나누어요 ❻

사명을 감당할 때 동역자가 필요한 이유가 무엇인가요?

① 서로의 경험을 나누면서 배우고 성장할 수 있기에
② 혼자서는 사역의 방향이나 우선순위가 헷갈릴 때가 있기에
③ 주변의 무관심이나 반대가 부담으로 다가올 때가 있기에
④ 동역자 모임에서 위로와 격려를 얻기에

⑤ 함께 기도하면서 새로운 아이디어와 지혜를 얻기에

7. 사명 실천의 장애물과 극복 방안(Obstacles and Overcoming)

세상에서 사명을 감당하는 과정에서 신자는 다양한 어려움들을 만날 수 있습니다. 외적 저항('무관심'과 '냉대' 등)에 부딪힐 때가 있습니다. 그럴 때는 기도하면서 지혜와 용기로 대응해야 합니다. 피로와 번아웃이 찾아올 수도 있습니다. 그럴 때는 성령 안에서 영적인 쉼과 육체적인 쉼을 균형 있게 가지면서 몸과 마음을 회복해야 합니다. 경제적인 제약과 시간적인 제약이 있을 때는 다시금 우선순위를 체크하면서 기본적인 것부터 실천하도록 합니다.

주변의 부정적인 비판에 대해서는 뜻을 같이하는 동역자와 마음을 모아 기도하면서 극복해 나갑니다. 사명에 대한 비전이 흔들릴 때는 처음 하나님의 부르심을 되새기며, 그 부르심의 가치를 재확인해야 합니다. 내가 하는 일의 열매가 더디게 나타날 때는 '인내로 경주를 완수하라'는 말씀을 붙잡고(히 12:1), 포기하지 않고 꾸준히 맡은 일을 성실하게 감당해야 합니다. 영적 공격과 갈등이 있을 때는 분별력과 관용의 태도로 문제를 풀어가야 합니다.

이러한 여러 장애물들을 성령의 인도하심 가운데 극복해 나갈 때, 신자의 사명의 열매가 풍성하게 맺혀질 수 있습니다.

함께 나누어요 ❼

나는 사명을 가로막는 장애물을 어떻게 극복하고 있나요?

① 기도와 말씀으로 재정비한다.

② 우선순위를 다시 점검한다.

③ 동역자와 마음을 모아 함께 기도한다.
④ 부정적인 소리에 흔들리지 않는다.
⑤ 영적인 충전과 육체적인 쉼 사이에서 균형을 유지한다.

함께 나누어요 ❽

맡은 사명을 성실하게 감당해 나감에 있어서 평소에 내가 붙잡는 말씀 한 구절이 있다면 소개해 주시기 바랍니다.

성경 공부를 마치며

지금까지 "신자의 사명"이라는 주제로 성경 공부를 하였습니다. 성경 공부를 통해서 깨달은 점이나 마음에 남은 은혜나 새롭게 얻은 통찰을 간단하게 적어 보시기 바랍니다. 이 기록이 앞으로 하나님과 함께 걸어갈 믿음의 여정을 새롭게 준비하는 소중한 흔적이 될 것입니다.

예시

성경 공부를 통해서 신자의 사명이 삶의 모든 자리에서 하나님 나라를 이루어가는 여정임을 깨달았습니다. 그리고 나의 사명이 무엇인지를 발견하고 실천하는 삶이야말로 진정한 신앙인의 삶이라는 가르침에 고마운 마음을 갖습니다. 이제 나의 자리에서 주어진 사명을 더욱 성실히 감당하면서, 하나님 나라의 가치들을 삶 속에서 실천할 것을 다짐해 봅니다.

성경 공부를 통해서 얻은 통찰 메모하기

3부

신자의 사명과 종말론적 삶

10과. 신자의 종말론적 삶

1. 종말론적 삶이 무엇인가?
2. 종말론적 삶과 ‘거룩’의 관계
3. 종말론적 삶과 ‘경건’의 관계
4. 종말론적 삶과 ‘분별’의 관계
5. 종말론적 삶과 ‘헌신’의 관계
6. 하나님 나라가 무엇인가?
7. 종말론적 삶과 ‘하나님 나라’의 관계
8. 종말론적 삶의 장애물과 극복 방안

10과. 신자의 종말론적 삶

학습 포인트

1. 종말론적 삶이 이 땅에서의 현재의 실천과 연결됨을 알도록 한다.
2. 종말론적 삶과 '거룩'과 '경건'과 '분별'과 '헌신'의 관계를 구체적으로 살펴본다.
3. 하나님 나라의 관점이 신자의 일상에 미치는 영향이 무엇인지를 배운다.
4. 종말론적 삶을 방해하는 장애물과 극복 방안을 살펴본다.

성경과 신학은 종말을 현재를 바르게 살아가게 하는 능력으로 이해합니다. 신자는 다가올 하나님 나라를 소망하면서, 지금 나에게 할당된 자리에서 거룩과 경건과 분별과 헌신으로 그 소망을 살아내야 합니다. 이러한 종말론적 삶은 현실 도피가 아닙니다. '분명한 목적의식과 책임감을 가지고 일상을 살아가는 것!' 이것이 종말론적 삶입니다. 이 삶에의 여정 속에 다양한 유혹과 장애물도 존재하기에, 신자는 말씀과 성령 안에서 이를 극복하며 날마다 깨어 있어야 합니다. "11 이 모든 것이 이렇게 풀어지리니 너희가 어떠한 사람이 되어야 마땅하냐 거룩한 행실과 경건함으로 12 하나님의 날이 임하기를 바라보고 간절히 사모하라…"(벧후 3:11-12상).

1. 종말론적 삶이 무엇인가?(Eschatological Life)

종말론적인 삶이란 예수 그리스도의 재림을 소망하면서 오늘을 하나님 나라의 관점으로 살아가는 삶을 말합니다. 신자는 종말과 관련해서 대부분 성경 구절의 우선적인 강조점이 '미래'가 아니라 '지금-현재'에 맞추어져 있음을 알아야 합니다. 성경은 신자들이 언젠가 다시 이 땅에 오실 주님을 기대하고 소망하면서, 지금-현재 나에게 주어진 삶을 충실히 살아야 한다는 것에 초점을 맞춥니다. 우리는 종말이 먼 미래의 이야기만이 아니라, 우리의 매일의 신앙 여정에도 적용되는 이야기임을 알아야 합니다. 신앙인들은 '언제든지 주님께서 오실 수 있다'는 기대감을 가지고 지금-현재의 삶의 자리에서 최선을 다해야 합니다.

일상에서 겪는 고난과 갈등을 종말의 승리감을 미리 맛보는 훈련의 자리로 볼 수 있는 시각이 신자에게 필요합니다. 나아가서 신자가 예수님 재림의 소망을 품는 것도 현재의 어려움을 이기게 하는 힘이 됩니다. 신자는 미래의 영광을 바라보며 오늘의 삶의 자리에서 부단히 감사를 실천하고 사랑을 나누는 삶을 살아야 합니다. 이렇게 현재와 미래가 연결될 때, 신자의 종말론적 삶은 흔들림 없이 소망과 기쁨으로 채워져 갈 수 있습니다.

함께 나누어요 ❶

다음 중 성경이 말하는 종말론적 삶의 특징으로 옳은 것을 모두 고르세요.

① 재림에 대한 소망이 현재의 어려움을 이기게 하는 힘이 된다.
② '언제든지 주님께서 오실 수 있다'는 기대감을 가진다.
③ 미래의 영광을 바라보면서 지금 감사와 사랑을 실천한다.
④ 일상의 고난을 종말의 승리감을 미리 맛보는 훈련장으로 여긴다.
⑤ 오늘의 삶을 하나님 나라의 관점으로 살아간다

2. 종말론적 삶과 '거룩'의 관계(Eschatological Life and 'Holiness')

거룩은 신자의 정체성이며, 지금-여기에서 살아내는 종말론적 삶의 핵심 가치입니다. 신자의 거룩의 추구는 일상에서 마음과 태도와 행동을 지켜내는 데 있어서 필요한 영적 훈련입니다. 일상에서 갑작스럽게 찾아오는 여러 유혹과 죄의 매혹 앞에서 거룩은 신자를 보호하는 방패가 됩니다. 말과 생각과 행동의 전 영역에서 주님의 거룩을 닮아 갈 때, 신자의 삶은 주께 드리는 순결한 예물이 됩니다. 또한 신자의 거룩한 삶은 세상에서 빛과 소금의 역할을 가능케 하는 동력이 됩니다. 신자에게 거룩은 종말론적 소망의 가시적 증거가 됩니다.

신앙 공동체의 상호 권면과 격려도 신자가 삶의 자리에서 거룩을 추구하는 삶을 지속 가능하게 만드는 동력이 됩니다. 서로 격려하고 주님께서 오실 날을 함께 기대하면서 일상을 거룩으로 채워가는 신자들의 삶은 더없이 값진 삶입니다. 거룩을 추구하는 삶은 주님께서 다시 오실 그날을 준비하는 종말론적 삶의 실제 모습이며, 신자의 소망을 오늘의 일상 속에서 드러내는 길이 됩니다.

함께 나누어요 ❷

거룩을 추구하는 삶이 종말론적 삶과 연결되는 이유가 무엇인가요?

① 거룩이 주님께서 다시 오실 날을 준비하는 실제적인 가치가 되기 때문이다.

② 거룩이 이 땅에서 천국 백성답게 살아가도록 이끌기 때문이다.

③ 거룩이 물질적 풍요를 보장하기 때문이다.

④ 거룩이 신자의 자유를 제한하기 때문이다.

⑤ 거룩이 종교적 전통을 유지하게 만들기 때문이다.

3. 종말론적 삶과 '경건'의 관계(Eschatological Life and 'Godliness')

신자의 종말론적 삶은 경건과도 깊이 연결됩니다. 경건은 신자가 하나님과 친밀한 교제를 유지하는 데에 도움을 줍니다. 신자에게 경건은 재림 소망을 삶의 원동력으로 삼는 영적 태도입니다. 종말론적 삶은 '언제나 주님을 맞을 준비'로 나타나는데, 이 준비는 기도와 예배와 말씀 묵상 같은 경건 훈련을 통해서 구체화됩니다.

경건한 마음은 성경 말씀을 마음에 새기고 재림 소망을 굳건히 세우는 훈련으로 유지되고 발전됩니다. 금식과 절제 같은 경건의 연습도 신자에게 세상의 유혹을 이겨내고 종말의 소망을 붙잡게 만드는 영적 도구가 됩니다. 경건한 예배와 찬양도 하나님의 임재를 깊이 경험하게 하며, 신자로 하여금 종말론적 소망을 더욱 강화하도록 합니다.

경건은 일상에서의 작은 말과 작은 행동 하나하나까지, 신자를 하나님 앞에 서 있는 마음으로 살게끔 이끄는 가치입니다. 경건한 삶을 통해서 신자는 세상 속에서도 빛과 소금의 역할을 감당하며 복음을 드러낼 수 있습니다. 종말론적 소망이 약해질 때, 경건한 기도와 묵상이 신자에게 소망을 회복시켜 주기도 합니다. 경건은 신자로 하여금 주님 오실 날을 준비하며 흔들림 없는 믿음으로 살아가게 만드는 영적 기반입니다.

함께 나누어요 ❸

경건 훈련('기도', '예배', '말씀 묵상' 등)이 종말론적 삶과 연결되는 이유가 무엇인가요?

① 신자의 신앙생활을 흔들림 없이 유지시켜 주기 때문에
② 신자로 하여금 언제나 주님을 맞을 준비를 하도록 만들기 때문에
③ 세상의 유혹을 이겨내고 종말의 소망을 굳게 붙잡도록 하기 때문에
④ 신자의 마음을 깨어 있게 하여 시대를 분별하게 하기 때문에
⑤ 하나님의 뜻에 민감하게 반응하는 삶을 가능하게 하기 때문에

함께 나누어요 ❹

경건을 유지하기 위해서 매일 실천할 수 있는 작은 습관에 무엇이 있을까요?

① 하루를 시작하면서 짧게라도 기도한다.
② 말씀 한 구절을 암송하거나 묵상한다.
③ 작은 일에도 감사 인사를 표현한다.

④ 하루에 한 번 찬양을 부르거나 듣는다.

⑤ 말과 행동 전에 '하나님 앞에서'라는 마음가짐을 점검한다.

4. 종말론적 삶과 '분별'의 관계(Eschatological Life and 'Discernment')

신자의 종말론적 삶은 분별과도 깊은 관련이 있습니다. 분별은 혼란과 유혹이 가득한 세상에서 신자가 하나님의 뜻을 놓치지 않도록 하는 영적 나침반입니다. 세상의 기준을 그대로 따를 때 쉽게 길을 잃을 수 있기에, 신자에게는 하나님의 시선으로 세상을 바라보는 영적 분별력이 필요합니다.

분별은 단순히 옳고 그름을 판단하는 능력을 넘어서, 하나님의 음성에 귀를 기울이고 말씀을 따라서 결정을 내리는 과정입니다. 분별은 영적 전쟁에서 거짓과 진리를 구별하는 방패의 역할을 하며, 신자를 하나님의 뜻 안에서 진리의 길을 걸어가도록 이끌어 줍니다.

신자는 소그룹 안에서 믿음의 사람들과 함께 여러 사안을 가지고 토의를 하면서 분별력을 키워갈 수 있습니다. 그러면서 깊은 영적 통찰력을 얻게 되며, 이것을 근간으로 종말론적인 삶의 방향성을 찾아갈 수 있습니다. 신자에게 분별은 세상의 가치관에 휩쓸리지 않고 하나님의 기준으로 자신을 세워나가게 하는 삶의 지혜입니다. 신자는 분별로 인해서 마지막 날 주님 앞에 순결한 그리스도의 증인으로 서게 될 것입니다.

함께 나누어요 ❺

분별이 종말론적 삶과 연결되는 이유는 무엇인가요?

① 분별이 세상에서 성공하는 법을 배우게 하기 때문이다.

② 분별이 혼란과 유혹 속에서도 하나님의 뜻을 놓치지 않게 하기 때문이다.

③ 분별이 인간적인 지혜를 더 풍성히 쌓게 하기 때문이다.
④ 분별이 교회 전통을 단순히 지키게 하기 때문이다.
⑤ 분별이 자신의 감정을 우선시하게 하기 때문이다.

5. 종말론적 삶과 '헌신'의 관계(Eschatological Life and 'Devotion')

신자의 종말론적 삶은 흔들림 없는 헌신과도 깊이 연결됩니다. 헌신은 긴 신앙 여정에서 보석처럼 빛나는 가치이며, 신자를 폭풍우 같은 어려움 속에서도 굳건히 서게 하는 신앙의 기초입니다. 꾸준한 헌신은 소망을 든든히 붙잡게 하고, 공동체에 선한 본을 보이면서 함께 성장하도록 이끕니다.

헌신은 나의 몸과 시간과 자원을 기꺼이 드리는 구체적인 행동으로 나타납니다. 교회와 가정과 일터 등, 모든 일상의 자리에서 나의 헌신들이 모여서 강건한 종말론적 삶이 채워집니다. 헌신은 순간의 열정이 아니기에, 주님을 향한 한결같은 마음이 뒷받침될 때 지속될 수 있습니다. 신자가 시련 속에서도 한결같이 헌신을 지키는 데에는 기도와 말씀으로 자신을 굳게 세우고 하나님의 약속을 붙드는 것에 그 비결이 있습니다.

또한 서로가 격려하면서 함께 헌신할 때 그 공동체는 깊은 연합을 경험하게 됩니다. 이때 맺히는 열매가 하나님의 영광을 드러내는 살아 있는 증거가 됩니다. 종말의 소망을 품은 헌신은 신자의 삶을 향기롭게 하며, 마침내 주님 앞에 흠 없는 예물이 됩니다.

함께 나누어요 ❻

헌신이 종말론적 삶과 연결되는 이유가 무엇인가요?

① 헌신이 신자를 어려움 속에서도 굳건히 서게 하는 신앙의 기초가 되기 때문에

② 헌신이 신자의 사회적 지위를 높여 주기 때문에
③ 헌신이 장차 받게 될 상급을 바라보며 현재의 삶을 인내하도록 하기 때문에
④ 헌신이 세상의 성공을 보장하기 때문에
⑤ 헌신이 신자를 주님 앞에 드려질 흠 없는 예물로 준비하도록 하기 때문에

함께 나누어요 ❼

주의 일에 헌신하다가 지치거나 시험이 올 때 나는 어떻게 합니까?

① 기도로 마음을 다시 세우면서 회복의 힘을 얻는다.
② 말씀 속에서 위로와 답을 찾는다.
③ 마음에 맞는 동역자와 대화하면서 함께 짐을 나눈다.
④ 지난 은혜를 떠올리면서 다시 헌신을 결단한다.
⑤ 잠시 멈춰서서 쉼과 재정비의 시간을 갖는다.

6. 하나님 나라가 무엇인가?(Kingdom of God)

하나님 나라가 무엇인가? 이 물음에 대해서 복음주의 신학자들은 '하나님 나라'를 주로 다음의 네 가지 관점에서 이해합니다.

첫째 '통치(reign)로서의 하나님 나라'입니다. 하나님 나라는 단순히 장소를 넘어서, 하나님의 주권적 통치가 실현되는 영역을 가리킵니다.

둘째 "'이미'와 '그러나 아직'('already-not yet') 사이에서의 긴장"입니다. 예수님의 공생애 활동으로 하나님 나라가 이미 시작되었지만, 하나님 나라의 완전한 성취는 예수님의 재림 때 이루어집니다. 이 '이미-그러나 아직' 구

조는 신자에게 '지금 이 땅에서 경험하는 은혜'와 '장차 받을 영광'을 동시에 이해하도록 합니다.

셋째 '삶의 변화와 윤리적인 요구'입니다. 하나님 나라는 세상과 구별되는 새로운 삶의 방식과 가치를 요구합니다. 신자가 삶의 자리에서 정의와 자비와 평화와 섬김을 실천할 때, 하나님 나라가 세상 속에 구체적으로 구현됩니다.

넷째 '미래에 하나님 나라가 최종적으로 완성된다는 기대감'입니다. 신자들은 하나님 나라를 이미 현재 미약하지만 그들의 삶 속에서 '선취적으로' 경험합니다. 이 땅에서의 선취적 경험의 마지막은 하나님 나라의 최종적인 완성입니다. 이 소망이 신자들에게 현재의 고난을 이기는 힘을 부여합니다. 이 네 가지 관점은 서로 보완적이며, '하나님 나라'를 종합적으로 조명하는 핵심 축이 됩니다.

함께 나누어요 ❽

네 가지 관점(거룩, 경건, 분별, 헌신)이 함께 강조하는 하나님 나라의 핵심이 무엇인가요?

① 하나님 나라는 한 가지 관점으로 충분히 설명될 수 있다.
② 하나님 나라는 하나님의 주권적 통치, 현재와 미래, 윤리적 삶, 최종적 완성이라는 다차원적 의미를 갖는다.
③ 하나님 나라는 미래의 심판만을 의미한다.
④ 하나님 나라는 교회의 전통과 제도를 의미한다.
⑤ 하나님 나라는 정치적 제도와 유사하다.

함께 나누어요 ❾

'이미, 그러나 아직'의 하나님 나라 개념을 내 일상에서 어떻게 경험할 수 있을까요?

① 기도 응답 속에서 하나님의 역사하심을 맛보는 것
② 고난 중에도 장차 올 영광을 바라보는 것
③ 작은 선행 속에서 하나님 나라의 기쁨을 느끼는 것
④ 예배와 찬양에서 하늘의 평안을 경험하는 것
⑤ 불완전한 현실 속에서도 소망을 붙드는 것

7. 종말론적 삶과 '하나님 나라'의 관계 (Eschatological Life and 'Kingdom of God')

종말론적인 삶은 예수 그리스도의 재림을 소망하며, 하나님 나라의 가치를 일상에서 실천하는 삶입니다. 하나님 나라는 예수님의 사역으로 이미 이 땅에서 시작되었지만, 그 완전한 성취는 그리스도의 재림 때 이루어지게 됩니다.

신자가 이 땅에서 살아내는 종말론적 삶은 하나님 나라와 밀접한 관계가 있습니다. 구체적으로 말씀드리면, 신자에게 종말론적 삶은 이미 도래한 하나님 나라의 통치가 내 마음과 행동 속에 어떻게 실현되는지를 묵상하는 것과 상관이 있습니다. 신자의 종말론적 삶은 정의와 자비와 평화와 섬김 같은 하나님 나라의 가치를 삶 속에서 구체적으로 드러내는 여정이라 할 수 있습니다. 이처럼 하나님 나라와 종말론적 삶은 현재와 미래를 연결하며, 신자가 신실함으로 오늘을 충실히 살도록 이끄는 신앙생활의 중심 가치입니다.

함께 나누어요 ⑩

종말론적 삶과 하나님 나라를 연결해서 살아간다면, 오늘 내 삶에 어떤 변화가 나타날까요?

① 작은 일에도 정의와 자비를 선택한다.
② 섬김과 평화를 실천하려고 노력한다.

③ 미래의 완성을 바라보며 현재를 충실히 산다.
④ 매일 아침에 일어날 때마다 '하나님 나라 시민'임을 상기하고 하루를 시작한다.
⑤ 엘리베이터에서 만난 이웃에게 살포시 웃으면서 인사한다.

8. 종말론적 삶의 장애물과 극복 방안(Obstacles and Overcoming)

신자의 종말론적 삶을 방해하는 여러 장애물들이 있습니다. 예를 들면 죄의 유혹과 세속적인 가치와 분주함과 불안과 공동체와의 단절과 영적 권태와 박해와 번아웃과 소망 상실과 영적 분별력 부족과 사랑의 실천 지연 등... 이러한 장애물들을 신자가 어떻게 극복할 수 있을까요?

첫째, 죄의 유혹과 세속적인 가치와 같은 장애물 앞에서는 '말씀 묵상과 기도'로 마음을 견고히 세우는 것이 필요합니다.

둘째, 분주함이라는 장애물 앞에서는 '규칙적인 영적 훈련 시간'을 미리 계획함으로써 문제를 극복할 수 있습니다.

셋째, 불안과 의심의 장애물은 '재림 약속이 담긴 성경 말씀'을 반복해서 묵상하면서 극복해 나갈 수 있습니다.

넷째, 공동체와의 단절의 문제는 '소그룹이나 중보기도 모임'에 꾸준히 참여하면서 영적 지원망을 유지하는 데서 문제를 해결할 수 있습니다.

다섯째, 영적 권태와 무기력의 장애물은 '침묵 묵상과 영성 수련회'를 통해서 영혼을 재충전하면서 극복할 수 있습니다.

여섯째, 박해와 비난 같은 장애물은 '동역자와 함께 기도'하며 하나님의 위로를 구하는 데서 어려움을 극복해 나갈 수 있습니다.

일곱째, 번아웃과 피로의 문제는 '정기적인 휴식'을 통해서 몸과 마음을 회복함으로써 문제를 극복할 수 있습니다.

여덟째, 소망 상실의 장애물은 마태복음 24장과 요한일서 3장 등, '재림 본문을 묵상'하고 기대감을 새롭게 하면서 극복해 나갈 수 있습니다.

아홉째, 분별력의 부족은 '성령의 인도하심'을 구하고 믿음의 멘토에게 조언을 받으면서 문제를 극복해 나갈 수 있습니다.

열 번째, 사랑의 실천 지연의 장애물은 '작은 섬김의 사역'을 구체적으로 계획하고 즉시 실천함으로써 문제를 해결할 수 있습니다.

함께 나누어요 ⑪

종말론적 삶을 방해하는 장애물을 만났을 때, 나는 주로 어떻게 극복하나요?

① 소망을 새롭게 하기 위해서 주님의 재림과 관련된 말씀을 묵상한다.
② 잠시 분주함을 내려놓기 위해서 영적 훈련 시간을 미리 확보한다.
③ 번아웃을 예방하기 위해서 정기적인 휴식을 계획한다.
④ 공동체와 단절되는 것을 막기 위해서 소그룹 모임에 꾸준히 참여한다.
⑤ 작은 섬김을 미루지 않고 제시간에 실천한다.

함께 나누어요 ⑫

나의 일상의 자리에서 '하나님 나라의 가치'가 주로 어떻게 드러나는지를 생각해 보시기 바랍니다.

성경 공부를 마치며

지금까지 "신자의 종말론적 삶"이라는 주제로 성경 공부를 하였습니다. 성경 공부를 통해서 깨달은 점이나 마음에 남은 은혜나 새롭게 얻은 통찰을 간단하게 적어 보시기 바랍니다. 이 기록이 앞으로 하나님과 함께 걸어갈 믿음의 여정을 새롭게 준비하는 소중한 흔적이 될 것입니다.

예시

종말론적 삶이 오늘을 하나님 나라의 시선으로 살아가는 적극적인 삶임을 깨달았습니다. 그리고 거룩과 경건, 분별과 헌신을 일상 속에서 실천하면서 살아가는 것이 재림의 소망을 준비하는 삶임을 배웠고, 그 삶의 구체적인 방안들도 실제적으로 도전이 되었습니다. 앞으로 가슴에 소망을 간직하면서 지금 나에게 허락된 자리에서 깨어 있는 신앙인으로 살아가겠습니다.

성경 공부를 통해서 얻은 통찰 메모하기

참고도서

김도훈. 『길 위의 하나님:일상, 생명, 변증의 눈으로 보는 신학』, 조이웍스, 2014.
김동건. 『모든 사람에게:김동건의 신학 이야기』, 대한기독교서회, 2014.
김명용. 『이 시대의 바른 기독교 사상』, 장로회신학대학교출판부, 2001.
김명용. 『죽음 이후에는 어떻게 될까?』, 온신학출판사, 2024.
김명용. 『현대의 도전과 오늘의 조직신학』, 장로회신학대학교출판부, 1997.
김지철 외. 『성령과 교회』, 장로회신학대학교출판부, 1998.
다니엘 레슬리 밀리오리, 신옥수 역. 『기독교 조직신학 개론:이해를 추구하는 신앙』, 새물결플러스, 2021.
데이비드 마틴 로이드 존스, 정원태 역. 『성령세례』, 기독교문서선교회, 2004.
민영진. 『히브리어에서 우리말로』, 도서출판두란노, 1996.
배종석 외. 『건강한 교회 이렇게 세운다』, IVP, 2008.
백충현. 『내재적 삼위일체와 경륜적 삼위일체』, 새물결플러스, 2015.
볼프하르트 판넨베르크, 유진열 역. 『인간이란 무엇인가?』, 쿰란출판사, 2013.
스탠리 그렌츠, 신옥수 역. 『조직신학:하나님의 공동체를 위한 신학』, 크리스챤다이제스트, 2003.
신옥수. 『이토록 따스한 성령님』, WPA, 2023.
신현우. 『사본학 이야기:잃어버린 원문을 찾아서』, 웨스트민스터출판부, 2005.
싱클레어 퍼거슨, 김재성 역. 『성령』, IVP, 2010.
아더 핑크, 임원주 역. 『하나님의 주권』, 도서출판예루살렘, 2004.
안토니 후크마, 류호준 역. 『개혁주의 인간론』, 기독교문서선교회, 1993.
윤철호. 『너희는 나를 누구라 하느냐』, 대한기독교서회, 2003.
윤철호. 『인간:인간의 본성과 운명에 관한 학제간 대화』, 새물결플러스,

2017.
윤철호 외. 『신학과 과학의 만남』, 새물결플러스, 2021.
윤철호 외. 『신학과 과학의 만남 2』, 새물결플러스, 2022.
윤철호 외. 『신학과 과학의 만남 3』, 새물결플러스, 2023.
위르겐 몰트만, 김균진 역. 『과학과 지혜:자연과학과 신학의 대화를 위하여』, 2003.
이안 바버, 김연수 역. 『자연 인간 그리고 하나님:실재에 대한 통전적 앎을 위한 과학과 신학의 연대』, 샘솟는기쁨, 2024.
이종성. 『성령론』, 대한기독교출판사, 2002.
정성욱. 『스피드 조직신학』, 홍성사, 2006.
제임스 이넬 패커, 문창수 역. 『내주하시는 성령』, 정경사, 2000.
제임스 이넬 패커, 홍종락 역. 『성령을 아는 지식』, 홍성사, 2005.
존 스토트, 김현희 역. 『성령세례와 충만』, IVP, 2002.
최윤배. 『개혁신학 입문』, 장로회신학대학교출판부, 2015.
최윤배. 『성령론 입문』, 장로회신학대학교출판부, 2010.
최윤배. 『조직신학 입문』, 장로회신학대학교출판부, 2013.
최윤배. 『깔뱅신학 입문』, 장로회신학대학교출판부, 2012.
케네스 보아, 이정곤 역. 『하나님, 그것이 알고 싶어요』, 기독교문화사, 1994.
테렌스 니콜스, 김연수 역. 『죽음과 죽음 이후:그리스도인의 위대한 희망, 죽음을 어떻게 대할 것인가?』, 샘솟는기쁨, 2024.
폴 헬름, 이승구 역. 『하나님의 섭리』, IVP, 2009.
피터 젠센, 김재영 역. 『하나님의 계시』, IVP, 2008.
한스 요아힘 크라우스, 박재순 역. 『조직신학:하나님의 나라, 자유의 나라』, 한국신학연구소, 2000.
헨드리쿠스 벌코프, 황승룡 역. 『성령론』, 성광문화사, 2008.
현요한. 『성령 그 다양한 얼굴』, 장로회신학대학교출판부, 1998.
Dudley C. Gould. 『Science and the Soul』, Paragon House, 1996.
Louis Berkhof. 『Systematic Theology』, Eerdmans Publishing Company, 1996.
Richard Lints. 『Personal Identity in Theological Perspective』, Eerdmans

Publishing Company, 2006.
Terrance Tiessen. 『Providence & Prayer』, InterVarsity Press, 2000.
Hans Schwarz. 『Eschatology』, Eerdmans Publishing, 2000.
Louis Berkhof. 『Systematic Theology』, Eerdmans Publishing, 1996.

함께 나누어요 - 정답

[1과]

1. ④ ⑤
2. ①
3. ②
4. 모두 답이 될 수 있음
5. ④
6. ①
7. ③
8. ④
9. 주관식 예시 답변 - "하나님께서 저의 인생 전체를 평가하실 때, 맡겨진 교회와 공동체를 위해서 기도하며 묵묵히 땀 흘린 청지기로 기억되기를 소망합니다. 사람들의 인정보다 하나님의 기쁨을 먼저 구했던 종으로 주님께 인정을 받고 싶습니다."

[2과]

1. ③
2. ⑤
3. ④
4. ⑤
5. ①
6. ②
7. ③
8. ①
9. 주관식 예시 답변 - "성령 충만한 삶을 위해서 먼저 매일 말씀 앞에 서는 시간을 다시 회복해야겠다고 결단합니다. 작은 시간이라도 말씀을 묵상한 후에 말씀의 거울 앞에 저의 마음을 비추어 보겠습니다."

[3과]

1. 모두 답이 될 수 있음
2. 모두 답이 될 수 있음
3. ③
4. 모두 답이 될 수 있음
5. ② ④
6. ④
7. ①
8. 주관식 예시 답변 - "앞으로의 영적 싸움에서 모든 상황에서 먼저 하나님께 기도하는 습관을 세우고자 합니다. 문제를 먼저 보기보다 하나님을 먼저 바라보는 시선을 갖도록 노력하겠습니다."

[4과]

1. ①
2. ④
3. ③
4. ② ③ ⑤
5. ③ ④
6. ② ⑤
7. ② ⑤
8. ①
9. ②
10. 주관식 예시 답변 - "교회가 잃지 말아야 할 가장 중요한 가치를 '하나님 사랑과 이웃 사랑'이라고 생각합니다. 사역이 많아져서 분주해질수록 하나님과 사람을 향한 진심 어린 사랑이 식지 않도록 늘 마음을 점검해야 한다고 생각합니다."

[5과]

1. ③ ⑤
2. ① ② ③ ⑤
3. 모두 답이 될 수 있음

4. 모두 답이 될 수 있음
5. ⑤
6. ① ② ④ ⑤
7. ④
8. 주관식 예시 답변 - "'모이는 교회'에서 받은 은혜와 도전을 메모하고 정리하며, 그 내용을 한 주간 삶의 현장에서 적용해 보려고 합니다. 이렇게 예배와 일상이 자연스럽게 이어지도록 애쓸 때 균형잡힌 신앙생활을 이루어갈 수 있다고 생각합니다."

[6과]
1. ⑤
2. ②
3. ③ ⑤
4. 모두 답이 될 수 있음
5. 모두 답이 될 수 있음
6. ③
7. ① ② ③ ⑤
8. 주관식 예시 답변 - "경제적인 어려움을 누구에게도 말하지 못하고 혼자만 끙끙 앓고 있었는데, 교회의 지체가 준비해 온 봉투를 건네며 힘내시라는 말을 건넬 때 하나님께서 저의 필요를 아시고 돌보신다는 확신이 들었습니다. 사람의 손길을 통해서 일하시는 주님의 세심한 돌보심이 느껴졌습니다."

[7과]
1. ① ④ ⑤
2. ②
3. 모두 답이 될 수 있음
4. 모두 답이 될 수 있음
5. ③
6. ⑤
7. ⑤
8. 모두 답이 될 수 있음

9. ① ③ ⑤
10. 주관식 예시 답변 - "하나님께서 주신 은사를 사용할 때 가장 중요한 가치를 '사랑'이라고 생각합니다. 사랑이 빠진 섬김은 결국 내 만족을 위한 일이 되기에, 언제나 사람을 살리는 사랑의 마음을 잃지 않도록 하겠습니다."

[8과]
1. ③
2. ④
3. 모두 답이 될 수 있음
4. ① ② ③ ④
5. ① ② ③ ④
6. 모두 답이 될 수 있음
7. 모두 답이 될 수 있음
8. 모두 답이 될 수 있음
9. 모두 답이 될 수 있음
10. 주관식 예시 답변 - "성례전 때 회중이 침묵 속에서 자신을 돌아보고 회개하는 시간을 충분히 가지면 좋겠습니다. 이런 시간을 가짐으로 마음이 정돈되면서 성례의 은혜를 더 깊이 경험할 수 있을 것 같습니다."

[9과]
1. 모두 답이 될 수 있음
2. 모두 답이 될 수 있음
3. ① ② ③ ④
4. 모두 답이 될 수 있음
5. ① ② ⑤
6. 모두 답이 될 수 있음
7. 모두 답이 될 수 있음
8. 주관식 예시 답변 - "저는 '선한 일을 하다가 낙심하지 말지니 포기하지 아니하면 때가 이르매 거두리라'(갈 6:9)라는 말씀을 힘들 때마다 묵상합니다. 지금 당장은 열매가 보이지 않아도, 포기하지 않고 성실히 믿음의 길을 걸어가면 하나님께서 반드시 열매를 맺게 하실 것을 믿습니다."

[10과]

1. 모두 답이 될 수 있음
2. ① ②
3. 모두 답이 될 수 있음
4. 모두 답이 될 수 있음
5. ②
6. ① ③ ⑤
7. 모두 답이 될 수 있음
8. ②
9. 모두 답이 될 수 있음
10. 모두 답이 될 수 있음
11. 모두 답이 될 수 있음
12. 주관식 예시 답변 - "사람들의 눈에 띄지 않는 봉사이지만 기쁨으로 그 일을 감당할 때, 그 삶 자체가 하나님 나라를 보여주는 통로가 된다고 믿습니다."